Heinrich Winter
Mathematik entdecken
Neue Ansätze für den Unterricht in der Grundschule

Lehrer-Bücherei: Grundschule

Herausgegeben von Horst Bartnitzky und Reinhold Christiani

Heinrich Winter

Mathematik entdecken

Neue Ansätze für den Unterricht
in der Grundschule

Gedruckt auf chlorfrei gebleichtem Papier
ohne Dioxinbelastung der Gewässer.

Die Deutsche Bibliothek – CIP-Einheitsaufnahme

Winter, Heinrich
Mathematik entdecken : neue Ansätze für d. Unter-
richt in d. Grundschule / Heinrich Winter.
Frankfurt am Main : Cornelsen Scriptor, 4. Aufl., 1994.
   (Lehrer-Bücherei : Grundschule)
   ISBN 3-589-05011-X

7. 6. 5. 4.   Die letzten Ziffern bezeichnen
97 96 95 94   Zahl und Jahr des Drucks.

© 1987 Cornelsen Verlag Scriptor GmbH & Co., Frankfurt am Main
Das Werk und seine Teile sind urheberrechtlich geschützt.
Jede Verwertung in anderen als den gesetzlich zugelassenen Fällen
bedarf deshalb der vorherigen schriftlichen Einwilligung des Verlages.
Umschlagentwurf: Dietrich Kahnert, Berlin
Satz, Druck: Hans Kock Buch- und Offsetdruck GmbH, Bielefeld
Vertrieb: Cornelsen Verlag, Berlin
Printed in Germany
ISBN 3-589-05011-X
Bestellnummer 0 5 0 1 1 0

Inhalt

1. Reformen und Gegenreformen 7
1.1 Traditionelles Rechnen 8
1.2 Ganzheitliches Rechnen 10
1.3 Reformansätze der „Neuen Mathematik" 10
1.4 Gegenreform ab 1972 12

2. Schwerpunkte für eine Neubesinnung 14
2.1 Entdeckendes Lernen als Leitprinzip 14
2.2 Intensivierung der Übungspraxis 28
2.3 Anwendungs- und Strukturorientierung 35

3. Bemerkungen zu einigen Einzelfragen 41
3.1 Mengensprache und Mengensymbole 41
3.2 Vertiefung der Arithmetik 42
3.3 Division mit Rest 49
3.4 Elementare Statistik 51
3.5 Taschenrechner und Computer 54
3.6 Schulung der Zeichenfertigkeit 55

4. Kreatives Üben — Das 1 · 1 (2.-4. Klasse) 58
4.1 Üben und entdecken 58
4.2 Übungsformen zum 1 · 1 62

5. Zwei Beispiele zum entdeckenden Lernen 86
5.1 Die Gauss-Aufgabe als Mittelwertaufgabe 86
Nachdruck aus: Mathematik lehren, H. 8/1985.
Friedrich Verlag, Seelze
5.2 Neunerregel und Abakus — schieben, denken, rechnen 100
Nachdruck aus: Mathematik lehren, H. 11/1985.
Friedrich Verlag, Seelze

Literaturhinweise 115

1. Reformen und Gegenreformen

Wohl kein Unterrichtsfach der Grundschule hat in den letzten 20 Jahren so stark das öffentliche Interesse erregt wie der Rechen-/Mathematikunterricht in der Grundschule. Besonders die zeitweise hitzige Diskussion um die Einführung der sogenannten Mengenlehre ist eine bemerkenswerte Erscheinung der jüngsten Schulgeschichte, und auch heute noch ist das Wort „Mengenlehre" oder „Neue Mathematik" für Journalisten ein Reizwort, wie die Reaktionen auf die Vorstellung des Lehrplanentwurfs in Nordrhein-Westfalen im Herbst 1984 zeigten.

Es erscheint sinnvoll, in groben Zügen die Hauptströmungen des Rechen-/ Mathematikunterrichts der jüngeren Zeit nachzuzeichnen, um aus dieser Entwicklung heraus neue Ansätze als Antwort und Herausforderung verstehen zu können.

Man kann die folgenden Phasen unterscheiden:

bis (etwa) 1965	traditioneller Rechenunterricht, ganzheitliches Rechnen, operativer Rechenunterricht
1965-1972	Reformansätze der „Neuen Mathematik" hinsichtlich Zielen, Inhalten und didaktisch-methodischen Konzepten
1972-1979	Gegenreformbewegungen, Unsicherheiten
seit 1979	integrative Ansätze, besonders hinsichtlich der Vorstellungen über das Lernen

Diese Phaseneinteilung ist nicht mehr als eine grobe Orientierung. Man muß beachten, daß stets eine mehr oder minder breite Kluft zwischen Ansprüchen und schulischer Wirklichkeit, zwischen didaktischer Grundsatzdiskussion und tatsächlicher Ausgestaltung klaffte und noch heute klafft. Darüber hinaus gab es immer konkurrierende, ja kontrastierende Konzepte gleichzeitig. Vor allem sind Reformansätze äußerst unterschiedlich in der Praxis aufgegriffen worden: von begeisterten Umsetzungsversuchen über skeptische Teilerprobungen bis hin zur offenen oder verdeckten Verweigerung gegenüber jedem Änderungsansinnen. So hat die New-Math-Welle in den USA überhaupt nur allenfalls ein Drittel der Lehrer erreicht, und bei uns dürfte es nicht viel anders gewesen sein (Keitel 1982).

Schon der traditionelle Rechenunterricht bot keineswegs ein einheitliches Bild. Es gab nicht nur die Fortsetzung des alten Streites, wie denn am besten der Erstrechenunterricht gestaltet werden müsse, in dem auch Kontroversen über den Zahlbegriff ausgetragen wurden. Es gab auch grundsätzlichere konzeptionelle Auseinandersetzungen, etwa über das Verhältnis formaler Fertigkeitsschulung zur Ertüchtigung im Sachrechnen oder über die Einschätzung didaktischer Prinzipien wie Selbsttätigkeit, Anschauung, Gestaltung von

Übungen. Unter Mißachtung der Unterschiede, die sich in den Rechenmethodiken und (meist) zugehörigen Schulbuchwerken zeigten, möchte ich einige übergreifende Kennzeichen des traditionellen Rechnens aufzählen, die auch wichtige Anstöße zu Reformen darstellten und darstellen.

1.1 Traditionelles Rechnen

Mathematikferne

Als erstes ist die *Mathematikferne*, ja z.T. Mathematikfeindlichkeit des Rechenunterrichts zu nennen. Dieser Unterricht beschränkte sich in der Grundschule inhaltlich auf die 4 Grundrechenarten — mündlich und schriftlich, nackt und eingekleidet — mit natürlichen Zahlen und eventuell mit einigen alltäglichen Brüchen. Es fehlten u.a. eine Eingewöhnung in den Gebrauch von Variablen, ein vertiefteres Eindringen in die Struktur der Zahlenreihe (Eigenschaften, Relationen), ein gezieltes Üben im Schätzen und Überschlagen, ganz zu schweigen von Erfahrungen in der Geometrie, die es gar nicht gab.

Reduktionistisches Sachrechnen

Ein zweites Kennzeichen, das vom Selbstverständnis der Volksschule her weit weniger als die Distanz zur Mathematik verständlich ist, war die überwiegend oberflächliche Konzeption der Anwendungsorientierung: ein *reduktionistisches Sachrechnen*. Zwar bemühte man sich (meist) um lebensnahe Zahlen und (schon weniger) um für Kinder wichtige Sachgebiete, aber es war im Grunde nichts anderes als Rechenübung mit benannten Zahlen. Vor allem wurde der sachkundliche Gehalt kaum ernst genommen, und die komplexen Vorgänge beim mathematischen Ordnen einer realen Situation wurden als solche nicht genügend aufgearbeitet und thematisiert; man mußte eben schnell zum Ausrechnen kommen. Die sachkundlichen Themen waren weitgehend austauschbar. Ein Ausdruck für diese Gleichgültigkeit gegenüber dem sachkundlichen Inhalt ist die Tatsache, daß in der Nazizeit (in den heute zuweilen mit Nostalgie umschwärmten Rechenbüchern der Großmütter) halt Nazi-Aufgaben gerechnet wurden, z.B.:
„Zum Appell sind 3 Jungzüge angetreten, zusammen 146 Pimpfe. Die beiden ersten Züge haben je 49 Pimpfe. Wie stark ist der 3. Zug?" (Büttners Berliner Rechenbuch 3, S. 54)

oder:

„Im ersten Kriegsjahr brachten 50 Wunschkonzerte der Wehrmacht
7 500 000 RM ein. Wieviel kam auf ein Konzert?"

„Hitlerjungen marschierten zum Reichsparteitag nach Nürnberg. In 47 Tagen
legten sie 778 km zurück. 11 Tage waren Ruhetage. Berechne die tägliche
Marschleistung." (Rechenbuch für Volksschulen 4, S. 41).

Behavioristische Auffassung vom Lernen

Als drittes Kennzeichen muß die vorherrschende (vulgär-)*behavioristische Auffassung* von Lehr-Lern-Prozessen genannt werden, die sich in kleinschrittiger
Gängelung des Unterrichts und vor allem in einer extensiven Übungspraxis
im Sinne der verbalen Wiederholungsmethodik zeigte. Die Prinzipien vom
Lernen in kleinen und kleinsten Schritten, von der Isolierung der Schwierigkeiten und vom systematischen Aufbauen der Lerninhalte beherrschten weit-
hin das Unterrichtsgeschehen. Die Schulbuchseiten waren gefüllt mit Massen
gleichartiger Übungsaufgaben, die es abzuarbeiten galt; darin bestanden weit-
hin die Rechenstunden.

Schon 1916 hatte Kühnel in seinem „Neubau des Rechenunterrichts" diese
Schwächen des Rechenunterrichts — ausgehend übrigens von den mageren
Erfolgen des Rechenunterrichts! — in völliger Klarheit herausgearbeitet und
eine neue Konzeption entwickelt und z.T. auch detailliert ausgearbeitet, in der
mathematische Ideen vor lokalen Verfahren/Fertigkeiten rangieren und die
Selbsttätigkeit des Schülers höher geschätzt wird als die kleinschrittige Gängelung durch den Lehrer. Sein Ziel ist mathematische (!) Bildung: „Der Rechenunterricht hat die Aufgabe, die Grundlage zu vermitteln für eine mathematische
Erfassung der Dinge und Erscheinungen des Natur- und Menschenlebens"
(Kühnel 1922, S. 134 f). „Und das Tun des Schülers ist nicht mehr auf Empfan-
gen eingestellt, sondern auf Erarbeiten. Nicht Leitung und Rezeptivität, sondern Organisation und Aktivität ist es, was das Lehrverfahren der Zukunft
kennzeichnet" (S. 137). Die wichtigsten Reformideen von Kuhnel sind bis
heute in der Breite uneingelöst, oder besser: Kühnels pädagogischen Absichten
fühlt sich der hier skizzierte neue Ansatz des Mathematikunterrichts in besonderer Weise verpflichtet.

1.2 Ganzheitliches Rechnen

Ein weiterer, außerordentlich wertvoller Reformansatz gegenüber dem traditionellen Rechnen entwickelte sich zu Ende der 20er Jahre aus Positionen der Gestalt- und Ganzheitspsychologie: J. Wittmann entwarf (in Ansätzen) das sogenannte *ganzheitliche Rechnen*, das nach dem 2. Weltkrieg — besonders von Karaschewski (1966) — in schulpraktischer Hinsicht fortentwickelt und in theoretischer Hinsicht auf beachtliche Weise systematisiert wurde. Das Bemühen um Selbsttätigkeit der Schüler, die Hochschätzung ihrer Phantasie und Kreativität, der Vorrang des Verstehens via Einsehens gegenüber Anübungsleistungen und überzeugende fächerübergreifende Unterrichtsansätze sind die wichtigsten positiven Merkmale des ganzheitlichen Rechnens, die in die gegenwärtigen Neuansätze Eingang finden müßten.

Operatives Rechnen

Zu Beginn der 60er Jahre wurden allmählich die entwicklungs- und denkpsychologischen Arbeiten des Genfer Kreises um Piaget bei uns bekannt. Die didaktische Rezeption durch Aebli, Fricke, Brinkmann u.a. führte zum sogenannten *operativen Rechnen* (oder Rechenunterricht nach der operativen Methode), dessen Hauptkennzeichen darin besteht, die Entfaltung intellektueller Fähigkeiten zu fördern, und zwar dadurch, daß die Verinnerlichung von Tätigkeiten zu Systemen von Operationen auf dem Wege über spezifische Unterrichtsmaßnahmen begünstigt wird. Das operative Prinzip — als ein wesentliches Orientierungsprinzip von Mathematikunterricht überhaupt — ist in der Folge fortentwickelt worden, besonders von Fricke und Wittmann (Wittmann 1981).

1.3 Reformansätze der „Neuen Mathematik"

Die Reformbemühungen vor 1965 — es gab außer den genannten weitere außerordentlich beachtenswerte Konzepte, etwa die freiheitlichen und von hohem pädagogischen Ethos getragenen Ideen M. Montessoris und M. Wagenscheins — ließen (ungeachtet ihrer Radikalität im pädagogischen Ansatz) den Lern*stoff* und damit auch weitgehend die inhaltsgebundenen Lernziele unangetastet: das Erlernen der 4 Grundrechenarten. Das änderte sich erst, als Ende der 60er Jahre die New-Math-Bewegung (aus den USA) herüberschwappte und sich mit hiesigen reformerischen Bemühungen des gymnasialen Mathematikunterrichts verband. Der vielzitierte Beschluß der Konferenz der Kultusminister vom Oktover 1968 über die Modernisierung des Mathematikunterrichts an allen allgemeinbildenden Schulen, der üblicherweise als das Signal einer revolutionären Bewegung bewertet wird, war von einem Ausschuß vorbereitet worden, dessen Mitglieder vor allem Gymnasiallehrer und Schulverwaltungsbeamte waren; jedenfalls gehörte kein Fachdidaktiker dazu. Insoweit war die Reform des Grundschulrechenunterrichts von oben und außen herangetragen und nicht eigentlich im Inneren entwickelt worden. Gleichwohl war das hervortretende Merkmal in der Frühphase (als der reformierte Unterricht noch nicht obligat war) eine verbreitete Euphorie, gerade auch in der breiten Öffentlichkeit. Ganz eindeutig waren es die neuen Inhalte — Logik, Mengenlehre, nicht-dezimale Zahlsystem, Operatoren, Topologie —, die nun Eingang in neue (Erprobungs)lehrpläne fanden, und die das Ausmaß der Reform am spektakulärsten ausdrückten.

Diese neuen Inhalte waren es auch, die für die meisten Lehrer die größte Herausforderung darstellten und die eine Welle von Fortbildungsaktivitäten auslösten, deren Ausmaß alle bis dahin bekannten Vorstellungen übertraf. Im Jahre 1969 erschien im Rahmen einer Gesamtreform der Grundschule in Nordrhein-Westfalen ein vorläufiger Mathematiklehrplan, der den gesamten Ansatz der Reform verkörperte (neue Inhalte, neue Ziele, neues Selbstverständnis, neue Lehr-Lern-Konzepte) und unterrichtlich (in rd. 80 Schulen) erprobt werden sollte. Der Versuch wurde partiell wissenschaftlich begleitet. Die Resultate des Versuches und die Entwicklung in der fachdidaktischen Diskussion führten im Jahre 1973 zu einer erheblich revidierten Neufassung des Lehrplans. In anderen Bundesländern ist die Entwicklung ähnlich, z.T. wesentlich hektischer verlaufen.

Einige Hauptkennzeichen des zum Mathematikunterricht reformierten Rechenunterrichts waren:

– drastische Erweiterung des Lernangebots (außer Zahlenrechnen Erfahrungen zur Logik/Mengenlehre und Geometrie),
– Anreicherung des Rechnens (arithmetische Grundgesetze, nichtdezimale Stellenwertsysteme),
– starke Orientierung am inneren Aufbau der Mathematik (Betonung der Abstraktion),
– Fülle/Überfülle an Materialien und Aktivitätsformen.

1.4 Gegenreform

Der recht schroffe Umschlag von Reformbegeisterung in Ernüchterung, ja Verwerfung des ganzen Ansatzes hatte vielerlei Gründe. Einige davon lagen eindeutig in didaktischen Fehlvorstellungen. Gewiß hat die Verärgerung von Mittelschichteltern, die ihren Kindern im Grundschulalter nicht bei den Hausaufgaben helfen konnten und die erbost die Öffentlichkeit alarmierten, eine Rolle gespielt. Ebenso dürften auch die Aufschreie einiger Kinderärzte („Mengenlehre macht Kinder krank!"), die verwirrenden Meldungen aus den USA, die widersprüchlichen Strömungen im Reformlager und die polemischen Äußerungen einiger Mathematiker den Reformeifer gelähmt haben.
Aber die Hauptursachen für die Revision der ursprünglichen Ansätze waren unzureichende pädagogisch-didaktische Vorstellungen und Einschätzungen, die sich zuweilen in geradezu abwegigen und aberwitzigen Unterrichtstätigkeiten niedergeschlagen hatten. So ist insbesondere nicht die wechselseitige Bezogenheit von Zielen, Inhalten und Lehr-Lern-Prozessen gesehen, jedenfalls nicht genügend dargestellt worden. Es war teilweise ein Gießen von neuem Wein in alte Schläuche, wenn nunmehr z.B. die Schnittmenge genauso kleinschrittig und übungsintensiv behandelt werden sollte wie bis dahin und weiterhin die Zehnerüberschreitung.
Eine der Hauptschwächen des traditionellen Rechenunterrichts, der gängelndübende Unterricht, wurde mit neuen Inhalten fortgesetzt, ja teilweise noch verstärkt. Die neuen Ziele konnten nicht überzeugend dargestellt werden; vage Hinweise auf die zunehmende Mathematisierung unserer Welt und auf unsere künftige wirtschaftliche Sicherung genügen sicher ebensowenig wie allgemeine Versprechungen hinsichtlich der angeblich schier unbegrenzten geistigen Wachstumsfähigkeit jedes Kindes. Von den neuen Inhalten drängte sich — bald sogar namengebend — die Mengenlehre in den Vordergrund, die von Anfang an erklärtermaßen nur eine instrumentelle, dienende Rolle spielen sollte, was aber nicht genügend didaktisch ausgearbeitet worden war. Sie wurde in vordergründiger Form zur Begründung der Arithmetik bemüht, in zu engen Verbund mit logischen Spielen (logische Blöcke) gebracht oder/und doch als eigenständige (Boolesche) Algebra inszeniert, und damit ihre mögliche pädagogische Rolle, die sie tatsächlich ausfüllen könnte, weitgehend verfehlt. Daß das Wort „Mengenlehre" heute geradezu als Schimpfwort benutzt wird, als Symbol für verfehlte Bildungspolitik insgesamt gilt und speziell als Sündenbockbezeichnung herhalten muß, wenn jemand nicht rechnen kann (auch wenn er nachweislich nichts, aber auch gar nichts je mit Mengenlehre zu tun hatte), das wird wohl vorerst nicht zu ändern sein.
Die Hauptschwäche der Reformbewegung liegt aber nicht im falschen Einsatz der Mengenlehre, sondern in pädagogischen Reduktionen: Es konnte nicht

hinlänglich überzeugend dargestellt werden, inwiefern die neuen Inhalte und Methoden für Schüler bedeutsam sind. Fast zwangsläufig schlug mancherorts (vor allem in den USA) die Reform, die eben doch im wesentlichen als Reform der Inhalte erschien (neue Strukturmathematik vs. altes Rechnen), in eine ebenso heftige Gegenbewegung um: back to the basics, zurück zu den einfachen Grundfertigkeiten.

Diese Rückbewegung beruhte nur teilweise auf einer Rückbesinnung, wurde vielmehr getragen von wissenschafts- und aufklärungsfeindlichen, bildungspessimistischen und also letztlich apädagogischen Grundgefühlen. In den meisten Bundesländern wurden — anders als in Nordrhein-Westfalen — seit 1973 die Lehrpläne für den Mathematikunterricht in den Grundschulen einschneidend umgeschrieben, manchmal in erkennbarem Zusammenhang mit Landtagswahlen, dabei oft nur inhaltlich radikal gekürzt, ohne daß ein pädagogisches Grundkonzept erkennbar geworden wäre.

Neue Ansätze müßten versuchen — wie mit der Lehrplanarbeit in Nordrhein-Westfalen geschehen — die Reformideen der 60er Jahre fortzuentwickeln. Dabei muß deutlicher werden, welche der zentralen pädagogischen Vorstellungen die Schwerpunkte der Unterrichtsarbeit sind. Inhaltliche Kürzungen dürfen nicht als Rücknahmen, sondern müssen als Ausdruck des Bemühens verstanden werden, die Lerninhalte um wichtige Ideen zu konzentrieren.

Es ist völlig klar, daß eine Reform nicht allein von einem neuen Lehrplan, und erscheine er noch so stimmig, getragen werden kann. Lehrer, Eltern, Schüler, Administratoren und Bildungspolitiker müssen die Reformansätze prinzipiell bejahen, Lehreraus- und -weiterbildung müssen günstige Voraussetzungen schaffen. Daß dann trotzdem ein Spannungsverhältnis zwischen Anspruch und Wirklichkeit bleiben wird und bleiben muß und also neue Lehrpläne weiterhin revisionsoffen sein müssen, sollte als Herausforderung verstanden werden und nicht Anlaß zur Resignation sein.

2. Schwerpunkte für eine Neubesinnung

Daß die Mengensprache und -symbolik nicht mehr zum obligaten Stoff gehört, ist zwar in der Öffentlichkeit spektakulär in den Vordergrund gerückt worden, kann aber kein Schwerpunkt eines neuen didaktisch-methodischen Ansatzes sein.

Von entscheidender Bedeutung sind heute vielmehr die folgenden Punkte:
— die Betonung des entdeckenden Lernens als Leitvorstellung für Lehr-Lern-Prozesse, und im Rahmen dieses Konzeptes
— die Intensivierung einer kreativen Übungspraxis und
— die Aufschließung der Lerninhalte gleichzeitig in ihrer sachkundlichen Bedeutsamkeit wie in ihrem strukturellen mathematischen Kern.

2.1 Entdeckendes Lernen als Leitprinzip

Hier wird bewußt an eine alte Reformidee angeknüpft: Von Comenius über Pestalozzi, Diesterweg, Kühnel, Montessori, Dewey bis Wagenstein reicht die stolze Reihe der hervorragenden Pädagogen, die der Überzeugung sind, daß Lernen umso wirkungsvoller ist, je mehr es vom Lernenden als sein eigenes Anliegen betrachtet wird, je mehr der Lernende initiativ und aktiv den Unterrichtsgang bestimmt.

Das Prinzip des entdeckenden Lernens darf weder eingeschränkt werden auf bestimmte singuläre Situationen des Unterrichts (z.B. Stunden über besonders attraktive Gegenstände, „Rosinen"), noch auf bestimmte Unterrichtsformen (z.B. fragend-entwickelndes, sokratisches Gespräch), sondern muß ernsthaft als Leitprinzip — also das gesamte pädagogische Feld betreffend — verstanden werden. Es erstreckt sich auf die Lernziele, Lerninhalte und Lernprozesse des Mathematikunterrichts (Winter 1984 b).

Lernziele

Es müssen Fertigkeiten, Kenntnisse, Fähigkeiten und Einstellungen erworben werden; darüber hinaus muß ein Beitrag zur allgemeinen Denkerziehung geleistet werden. Die Konsequenz ist: In die Zielvorstellungen müssen bereits Auffassungen über Lerninhalte und Lernweisen eingehen. Selbst die Schulung von Fertigkeiten, die gemeinhin (wegen der leichten Abprüfbarkeit) als relativ unabhängig von Lernweisen definierbar erscheint, ist ohne Einbettung in ein Gesamtkonzept des Lernens nur unvollständig in ihrer Bedeutung bewertbar und damit möglicherweise verfehlten didaktischen Zugriffen ausgesetzt. Im Rahmen des Konzepts des entdeckenden Lernens hat die Fertigkeitsschulung einen hohen kognitiven und motivationalen Rang: Fertigkeiten sollen verständig erworben, unter fortschreitender Systematisierung angeeignet und als Instrumente (leicht abrufbare Routinen) bei der Lösung von Problemen genutzt werden, das ist ihre kognitive Bedeutung. Das Verfügen über Fertigkeiten ist für Schüler aber auch eines der wichtigsten Erfolgserlebnisse und somit geeignet, das Vertrauen in das eigene Können zu verstärken und die Bereitschaft für Anstrengungen zu erhöhen.

Was für Fertigkeitsschulung gilt, gilt umso mehr für weitergehende Ziele des Mathematikunterrichts, in besonderer Weise für die Schulung von Problemlösefähigkeiten. Die Lösung eines Problems (das ist in der Mehrheit der Fälle eine Sachaufgabe) erfordert neben abrufbaren Fertigkeiten und Kenntnissen das Verstehen der jeweiligen Situation. Verstehen ist aber ein aktiver, ein entwerfender Vorgang, dem in der Regel eine Phase des Suchens und Wägens vorausgeht. Dazu muß dem Schüler immer wieder Gelegenheit gegeben werden. Kurzum: Das entdeckende Lernen ist nicht eine Methode des Lernens, die erst nach dem Aufstellen der Ziele gewählt wird (und eventuell austauschbar ist), sondern es bestimmt bereits die Ziele mit.

Auswahl und Anordnung der Lerninhalte

Entsprechendes gilt für die *Lerninhalte.* Auch ihre Auswahl, Anordnung und Akzentuierung ist in das Konzept des entdeckenden Lernens einzuordnen. Bei der Auswahl und Akzentuierung kommt es darauf an, fundamentale mathematische Ideen zu betonen, und zwar solche, die für die jetzige und künftige Existenz der Schüler von großer Bedeutung sind, die sie also dazu befähigen, bisherige Erfahrungen besser zu ordnen, neue Erfahrungen und Einsichten zu ermöglichen und zukünftige Erfahrungen in Aussicht zu stellen. Ein Beispiel für eine solche fundamentale mathematische Idee ist die Stellenwertdarstellung von Zahlen, denn sie ist einerseits mit zahlreichen wichtigen außermathematischen Erfahrungen verbunden (zählen, messen, verpacken, bündeln, gliedern, benennen, . . .) und andererseits prägt sie in entscheidender Weise den Umgang mit den Zahlen selbst (Ordnen von Zahlen, Rechnen mit Zahlen). Ohne die Stellenwertdarstellung bliebe die Arithmetik in den Anfängen stecken. Sie weist aber auch nach vorn: für das Erfassen von Brüchen und (noch später) reellen Zahlen ist die Kenntnis der Stellenwertdarstellung Voraussetzung.

Andere fundamentale Ideen, die in der Grundschulmathematik eine Rolle spielen, mögen durch die Stichwörter Symmetrie, Algorithmus (Rechenverfahren), Messung, Näherung (Schätzen, Runden, Überschlagen), funktionale Zuordnung (besonders proportionale) und Teil-Ganzes-Relation angedeutet werden, ohne den Anspruch zu erheben, daß dies eine konsistente und vollständige Aufzählung ist. Indem zentrale Ideen betont werden, kann der Schüler seine bisherigen Erfahrungen einbringen und besser einsehen, welchen Sinn das Gelernte hat.

Die wichtigsten Prinzipien der Stoffanordnung im Rahmen des entdeckenden Lernens sind das genetische und das Spiralprinzip. Das genetische Prinzip erfordert die Entwicklung und Entfaltung von Begriffen, Verfahren, Einsichten mit einem Höchstmaß an Eigentätigkeit der Schüler. Das ist nicht zu verwechseln mit dem Vorgehen in kleinen Schritten, die der Lehrer im voraus festgelegt hat. Eine genetische Entwicklung des additiven Rechnens in der 2. Klasse z.B. ist also *nicht* durch sogenannte Schwierigkeitsstufen bestimmt, wonach etwa diese Aufgabentypen der Reihe nach geübt werden (jede Aufgabe vertritt einen Typ):

$$40 + 5, \quad 40 + 20, \quad 60 - 10, \quad 60 - 3,$$
$$42 + 7, \quad 89 - 3, \quad 40 + 14, \quad 65 + 20,$$
$$65 - 30, \quad 41 + 15, \quad 86 - 23, \quad 39 + 3,$$
$$48 + 7, \quad 71 - 2, \quad 74 - 9, \quad 29 + 13,$$
$$29 + 65, \quad 81 - 12, \quad 81 - 54.$$

Vielmehr bedeutet genetische Entwicklung hier das Entdecken und zunehmende Schematisieren von additiven Prozeduren (Vorgehen in Teilschritten) auf der Grundlage des Umganges mit Material, also etwa: Rechnen mit Rechengeld (Zehner, Einer), Rechnen an der 100er-Tafel, Rechnen am Metermaß (dm, cm). Die Erfahrungen mit dem Material können und werden zu Aufgabentypen führen, die dann auch gesondert geübt werden mögen.

Das Spiralprinzip besagt, daß die wichtigen Ideen im Laufe der Schulzeit mehrmals und mit wachsender Verflechtung und Schematisierung unterrichtlich entwickelt werden. So macht das Kind in jeder Klasse Erfahrungen zum Stellenwertsystem: in der 1. und 2. Klasse über Bündelungs- und Meßvorgänge, in der 3. und 4. Klasse beim Darstellen, Vergleichen und Runden großer Zahlen und besonders intensiv beim schriftlichen Rechnen.

Gestaltung des Unterrichts

Von überragender Bedeutung ist das Prinzip des entdeckenden Lernens für die *Gestaltung des Unterrichts*, für die Weisen des Lernens, also für die pädagogischen Feinstrukturen, die wohl in erster Linie entscheidend sind für den Lernerfolg.

In idealtypischer Vereinfachung kann man bei einem Lehr-Lern-Prozeß im Rahmen des Entdeckungslernens 4 Phasen unterscheiden:

— Angebot einer herausfordernden Situation; die Schüler zum Beobachten, Fragen, Vermuten, Erkunden ermuntern.

— Herausarbeitung einer (oder mehrerer) Problemstellung(en); die Schüler zu eigenen Lösungsansätzen, Entwürfen, Konstruktionen, Nachbildungen ermutigen, Hilfen zum Selbstfinden anbieten.

— Ergebnis(se) klar herausstellen und so deutlich wie möglich formulieren, Ergebnisse mit bisherigem Wissen auf vielfältige Weise verbinden; den Zusammenhang operativ durcharbeiten und evtl. gedächtnismäßig verankern helfen; die Schüler zum Üben anregen.

— Rückbesinnung auf den Gang der Problemlösung; über den Wert der Lösung und des Lösungsweges sprechen, die Schüler ermuntern, die Gedanken auf weitere Situationen zu übertragen.

Dieses Stufenmodell ist nur als Rahmen zur Vorbereitung und Strukturierung des Unterrichts gedacht, es muß für den jeweiligen Lerninhalt gefüllt und ausgestaltet werden. Natürlich werden die Stufen je nach Lerninhalt und Lernsituation unterschiedlich akzentuiert sein und unterschiedlich lange Zeitspannen beanspruchen.

Die Hauptaufgaben des Lehrers sind dabei, herausfordernde Situationen anzubieten, ergiebige Arbeitsmittel bereitzustellen, kreative Übungsformen vorzuschlagen und vor allem, eine Kommunikation aufzubauen, die dem Lernen aller Kinder förderlich ist: herausfordern, aufmerksam machen, ermuntern, ermutigen, hinlenken, zu Bedenken geben, insistieren, zum Probieren, Fragen, Erkunden, Produzieren anregen.

Eine Situation ist herausfordernd, wenn sie im ganzen vertraut erscheint, aber doch auch unbekannte, fragwürdige Elemente enthält, wenn sie Handlungen verspricht und wenn sie wesentliche Bestandteile des zu lernenden Inhalts verkörpert (also nicht nur eine Plattform darstellt, die man bald wieder ganz vergessen kann). Es gibt kein Rezept zum Auffinden solcher Situationen. In der Regel werden es (nicht innermathematische, sondern) Alltagssituationen aus dem Lebensraum der Schüler sein. Insofern geht auch das Prinzip der regionalen Verwobenheit (Heimatprinzip) in das Mathematiklernen ein: die beobachtbare Umgebung ist die Hauptquelle für herausfordernde Situationen. Wer also in diesem Sinne gut Mathematik unterrichten will, muß sich ein lebendiges, vielaspektiges sachkundliches Wissen erwerben und die Schüler bei der Eroberung ihrer Welt beobachten, beraten und fördern. Günstig ist es von hier aus gesehen, wenn der Mathematik-, Sprach- und Sachunterricht in einer Hand liegen.

Wahrscheinlich ist jede Erfahrung des Menschen bereichsspezifisch, d.h. das, was wir lernen, ist mit dem Bereich, in dem wir es lernen, innig verbunden, einschließlich einer bestimmten dort verwendeten Sprache und einschließlich spezifischer Sinngebungen und Gefühlstönungen (Bauersfeld 1983). Es ist demnach nicht einfach nur ein Unterschied in der Veranschaulichung „derselben" Sache, ob ein Kind seine frühen arithmetischen Erfahrungen in der „Geldwelt" (einkaufen-verkaufen, bezahlen, herausgeben, tauschen, zusammenrechnen, abziehen, . . .) oder in der „Meßwelt" (Lineal, Zahlenzaun, verlängern, verkürzen, vergleichen, . . .) macht; jede Welt hat ihre eigenen spezifischen Handlungsmöglichkeiten, Vorstellungsbilder, Sprechweisen, Sinnzuschreibungen usw.

Die Bereichsspezifität der Erfahrung und des Lernens wird im Prinzip des paradigmatischen Lernens aufgehoben: Lernen und Verstehen an prägnanten Beispielen, wobei auch noch der Gedanke eine Rolle spielt, daß Verstehen eher plötzliches Entdecken eines Zusammenhangs — repräsentiert in einer einzigen prägnanten Situation — als allmähliches Abstrahieren aus vielen gleichartigen Situationen ist. So repräsentieren Punkt und Pflasterbilder nicht nur

○ ○ ○ ○ ○ ○ ○
○ ○ ○ ○ ○ ○ ○
○ ○ ○ ○ ○ ○ ○

spezielle multiplikative Rechensätze, wie hier 3 · 7, sondern tragen die Idee der Multiplikation als „Addition gleicher Posten" insgesamt einschließlich zugehöriger Umstrukturierungsmöglichkeiten, wie Umdrehen und damit
Umdeuten (3 · 7 = 7 · 3),
Zerlegen (3 · 7 = 3 · 5 + 3 · 2),
Ergänzen (3 · 7 = 3 · 10 − 3 · 3) und
Umbauen (3 · 7 = 2 · 10 + 1).
Die verschiedenen möglichen Erfahrungsbereiche zu demselben mathematischen Thema bilden keine bloß nebeneinanderliegende Ansammlung von Verkörperungen, über denen in abstrakter Höhe der formale Gehalt thront, sie bilden vielmehr eine Hierarchie, wobei „höhere" Bereiche „niedere" zum Thema haben.

Für die Idee der Multiplikation kann das etwa so aussehen:

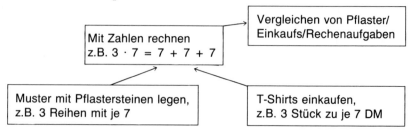

Von noch größerer Bedeutung als die Prinzipien zur lokalen Stoffanordnung und zur Repräsentation von Begriffen sind für die Gestaltung des Unterrichts Prinzipien, die sich auf die Kommunikation im Unterricht beziehen: „gutes Lernklima" und sachliche Aufarbeitung von Fehlern. Beides betrifft die Tiefenstrukturen des Unterrichts, der im Sinne des entdeckenden Lernens eben nicht als eine reine Belehrungsveranstaltung aufgefaßt wird, wo der Lehrer in möglichst perfekter Form etwas erklärt oder vormacht und die Schüler möglichst bald und möglichst fehlerfrei das Vorgemachte reproduzieren. Entdeckendes Lernen zeichnet sich vielmehr ganz wesentlich auch dadurch aus, daß er die am Lerngeschehen teilnehmenden Personen in ihrer Individualität als Menschen zu respektieren versucht, insbesondere, daß Kinder sich gern bewegen, daß sie neugierig und wißbegierig sind, daß sie vielleicht zu Hause Verwirrendes, Quälendes erleben, daß nicht alle immer von Mathematik begeistert sind usw.

Die Schüler werden nicht reduziert auf Wesen, die irgendwie eine gewisse mathematische Kompetenz erwerben sollen, sondern die ein unantastbares Recht auf die Würde ihrer Person haben und vice versa die Pflicht, diese auch allen andern zuzugestehen. Das bedeutet natürlich nicht nur, daß falsche Schülerantworten nicht (mehr oder weniger verdeckt) lächerlich gemacht und daß schwer lernende Schüler nicht als Unbegabte abgestempelt und abgeschoben werden. Zu einem „warmen Lernklima" gehört weit mehr als das Fehlen von Zynismus oder hartherziger Fehleranprangerung.

Vertrauen

An erster Stelle zählt dazu, daß die mitmenschlichen Beziehungen von *Vertrauen* getragen sein müssen. Kein Schüler sollte Angst haben, einen Vorschlag zu machen, weil er falsch sein könnte, und das soll auch einschließen, daß er anerkennt, daß alle anderen von ihm erwarten können, daß er seinen Vorschlag gut überlegt hat. Wechselseitiges, angstfreies Vertrauen schließt somit unverbindliches Gerede eher aus als ein; ein warmes Lernklima ist per se disziplinierend und nicht zu verwechseln mit angeblich kreativem Chaos. Sachliche und einsichtige Kritik ist ein Merkmal des Vertrauens, und es braucht dabei nicht künstlich unterdrückt zu werden, daß Kritik auch Schmerzen verursachen kann. Vertrauen schließt emotionelle Vorschußleistungen ein, wenn der Lehrer glaubhaft zu erkennen gibt, daß er jeden Schüler für in der Lage hält, sich zu steigern, wenn sich der Lehrer um eine möglichst fruchtbare Ursachenzuweisung von Erfolgen und Mißerfolgen bemüht, um so die Selbstkonzepte der Schüler positiv zu beeinflussen. (Wenn ein Schüler eine Aufgabe erfolgreich bearbeitet, so gibt es bekanntlich viele mögliche „Erklärungen" dafür: Schüler ist begabt. Schüler war fleißig. Schüler hat sich besonders angestrengt. Aufgabe war sehr leicht. Schüler hat viel Zeit zum Überlegen gehabt. usw.)

Schließlich äußert sich Vertrauen in der Art, wie Unterschiede wahrgenommen, akzepiert oder als veränderbar angesehen werden, Unterschiede in der (momentanen) Leistungsfähigkeit, in der Arbeitsweise und Sprechweise, im kognitiven Stil, in den Interessen usw. Die Unterschiede zwischen Lehrer und Schüler sind nicht reduziert auf Asymmetrien (Gebender, Empfangende; Erklärer, Zuhörer; Wissender, Unwissende; Richter, Beurteilte, usw.), sondern wesentlich komplexer ausgestaltet: Auch der Lehrer lernt von den Schülern — gelegentlich sogar in fachlicher Hinsicht, auf jeden Fall etwas darüber, wie man einen Sachverhalt sehen und beschreiben kann. Er verheimlicht nicht, daß er einen Erfahrungs- und Übungsvorsprung hat, daß er sich aber auch sehr gut in die Lage der Schüler versetzen kann. Leistungsunterschiede zwischen den Schülern werden weder als für alle Zeit gültig noch als unehrenhaft für den schwächeren Schüler angesehen.

Wechselseitiges Verstehen

Zum warmen Lernklima zählt auch das Bemühen um maximales *wechselseitiges Verstehen*, intellektuell und menschlich gemeint, was ja auch miteinander zusammenhängt. Wiederum herrschen hier keine einfachen Asymmetrien, wonach der Lehrer etwas verständlich erklären und die richtigen Sprechweisen zum Nachahmen vorsprechen soll. Verständiges Miteinanderreden ist ein äußerst komplexes Geschehen, wenn etwas beobachtet, gefunden, erkundet, geklärt, rechtfertigt, . . . kurzum, wenn Mathematisches entdeckend gelernt werden soll. Es gibt kein einfaches Regelsystem, aus dem abzuleiten wäre, wann eine lockere Werkstattsprache passend ist, wann aufs Wort peinlich geachtet werden muß, ob ein Hinweis zünden wird, welcher Ausdruck die größte Verständlichkeit verspricht usw. Andererseits wächst die Fähigkeit des Lehrers zum „richtigen" Sprechen nicht automatisch mit der Anzahl der Dienstjahre, es besteht im Gegenteil die Gefahr, angeblich erfolgreiche Sprachmuster zu verfestigen und bei Mißerfolg falsche Ursachenzuweisungen vorzunehmen.

Es ist eine regelrechte Kunst, Entdeckungsgespräche zu initiieren und zu erhalten, eine Kunst, die beständiger Verbesserung bedarf. Der handwerkliche Anteil dieser Kunst besteht im Verfügen über einen reichhaltigen Schatz an Alltagswissen, an Wissen über Gesprächsführung und an Ausdrucks- und Darstellungsformen. Geht es z.B. um die Subtraktion von Zahlen, so muß der Lehrer ein Wissen darüber parat haben, in welchen Alltagsphänomenen sie sich auf welche Weise abspielt: Ausgeben von Geld, Abziehen von Punkten, Verkleinern von Portionen, Schrumpfen von Vorräten, Sinken von Temperaturen, Verringern von Fehlern, Abtrennen von Teilen beim Vererben, Wegfliegen von Vögeln, Wegessen von Äpfeln, Ausscheiden von fehlerhaften Stücken usw. Das Wissen über pädagogische Gesprächsführung muß in erster Linie Heurismen, also Strategien zum Lösen von Problemen betreffen: Was fällt auf? Siehst du ein Muster? Siehst du etwas Besonderes? Was ist hier neu? Hast du schon einmal etwas Ähnliches gesehen? Ich sehe . . . Sorten, du auch? Ich würde einmal auf . . . achten. Was passiert, wenn du . . . tust? Was paßt auch dazu? Was paßt überhaupt nicht dazu? Kann man Teile unterscheiden? Das erinnert mich an . . . . Das verstehe ich noch nicht ganz. Darüber wundere ich mich. Wieso das? Kannst du uns das genau erklären? Woher weißt du das? Wie kannst du das anders beschreiben/ausdrücken/erzählen/darstellen? Wie erklärst du dir das? usw.

Die Gesprächsführung muß u.a. vom Prinzip der minimalen Einwirkung getragen sein, nämlich Hilfen und Anstöße zum Selberfinden zu geben versuchen. Zum Wissen über Ausdrucks- und Darstellungsformen gehört einmal das Wissen über die Reichhaltigkeit der Umgangssprache einschließlich hineinzuintegrierender Bestandteile der Fachsprache (Fachzeichen, Fachtermini, Fachredewendungen). So kann und muß der Inhalt des schlichten Zahlenansatzes

$$5 + 8 = 13$$

auf viele weitere Arten ausgedrückt werden, wobei jeder Ausdruck eine bestimmte (neue) Sicht des Sachverhaltes bietet, etwa:

Wenn man 5 um 8 vermehrt, erhält man 13.
Wenn ich von 5 aus um 8 weiterzähle, komme ich zu 13.
Der Unterschied zwischen 5 und 13 ist 8.
Der Unterschied zwischen 8 und 13 ist 5.
$13 - 8 = 5,$
$13 - 5 = 8.$
Wenn $5 + 8 = 13$ ist, dann muß auch $8 + 5 = 13$ sein.
Vermindert man 13 um 8, so bleibt 5 übrig.
5 ist um 8 kleiner als 13.
13 ist um 8 größer als 5.
$5 + 8$ ist dasselbe wie $5 + 5 + 3$, und das ist $10 + 3 = 13$, usw.

Die Sprache der Handlungen

Ferner ist von fundamentaler Bedeutung, daß sich die Kommunikation keineswegs auf die (verbale) Sprache beschränkt, wenn diese auch die schließlich am weitesten tragende ist, sondern non-verbale Sprachen umfaßt, vor allem die Sprache der Handlungen und die Sprache der Bilder. Handlungen werden an oder mit realen Gegenständen ausgeübt. Einer der wichtigsten „Gegenstände" ist dabei der eigene Körper, und man sollte keine Gelegenheit versäumen, in diesem Sinne Mathematisches zu „verkörpern": Zählen und Schreiten, Addieren als Vorwärtsschreiten, Subtrahieren als Rückwärtsschreiten; Zählen und In-die-Hände-Klatschen; rhythmisches Zählen und pantomimische Gesten (z.b. nacheinander parallel zum Zählen zuerst rechte Hand, dann linke Hand, dann beide Hände kurz nach oben strecken. Bei welchen Zahlen sind beide Hände oben?); Begreifen von Größenverhältnissen (z.b. Ausbreiten der Arme „zu einem Klafter". Wenn das 1 000 wäre, wie weit wäre dann 500, 250, . . .?), Darstellen von Formen (z.b. ein Quadrat durch 4 Kinder); der „vermessene" Körper (Wie schwer bin ich? Wie groß bin ich? Wie weit ist mein Schritt? Wie schnell bin ich? . . .).

Bei Handlungen an oder mit Gegenständen muß nicht nur auf Lebens- und Mathematiknähe geachtet werden, sondern auch und vor allem auf das Thematisieren der Handlungen und ihres Zusammenhanges untereinander. Wird z.b. mit Cuisenairestäben als Repräsentanten von Zahlen gearbeitet, so ist es wichtig, die folgenden Typen von Handlungen zu unterscheiden:

— Ansetzen eines Stabes an einen schon vorhandenen oder an eine schon vorhandene Stabreihe.
— Wegnehmen eines Stabes von einer Reihe liegender Stäbe.
— Austauschen eines Stabes oder einer Stabreihe durch eine gleichlange Stabreihe.

Zu einem System von Handlungen, das als solches dann verinnerlicht werden soll, die Handlungen also in Gedanken ausgeführt werden müssen, kommt es, wenn die Beziehungen zwischen Handlungen im Hinblick auf ihre Wirkungen thematisiert werden. Z.B. gibt es zu jeder Handlung eine Gegenhandlung und umgekehrt ($5 + 3 = 8 \leftrightarrow 8 - 3 = 5$), das ist die Reversibilität des Handlungssystems. Eine Handlung kann durch Kombination von Handlungen ausgeübt werden

($+7$ durch $+3$ und noch $+4$,
-4 durch -3 und noch -1),

das ist die Kompositionsfähigkeit von Handlungen, auf ihr beruht wesentlich das geschickte Rechnen

($17 + 9 = 17 + 3 + 6$ oder
$17 + 9 = 17 + 10 - 1$ usw.).

Die ausdrückliche Betonung des Systemcharakters von Handlungsgefügen und ihrer Verinnerlichung ist Inhalt des *operativen Prinzips*.

Die Sprache der Bilder

Unverzichtbar ist auch die Sprache der Geometrie, der Bilder: Situationsskizzen, Punktmuster, Schaubilder, Diagramme der verschiedensten Art, wobei die Übergänge zur verbalen Sprache fließend sind. Das Sehen von Gestalten dürfte einer der wichtigsten Formen des Entdeckens sein, und anschauliche Vorstellungen gehören zu einem Begriff wie der Nußkern zur Nußschale. Dabei ist aber wiederum eine wechselseitige Bezogenheit von Anschauung und Begriff zu beachten: Erst durch begriffsorientiertes Sehen wird etwas Gesehenes zur Anschauung für den Begriff, und umgekehrt wird der Begriff im Geschauten erst denkmöglich. So kann der Erstkläßler in das Bild

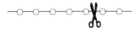

einerseits eine Subtraktion hineindeuten (7 − 2 = 5 oder 7 − 5 = 2), andererseits ist das Bild Grundlage des Verständnisses der Subtraktion. Anders ausgedrückt: Der Gebrauch von Anschauungsbildern ist geistige Arbeit, Wahrnehmungen sprechen nicht einfach und einsinnig aus sich heraus. Insofern ist die Einführung von Diagrammen auch immer die Einführung von Lerninhalten, so daß man hier nicht beliebige Angebote machen kann, in der Hoffnung, diese würden von selbst schon irgendwie Einsicht vermitteln. Es gibt sogar genügend viele Beispiele für die Behauptung, daß die bildliche Konkretisierung eines Begriffes schwieriger ist als seine definitorische Bestimmung innerhalb einer entwickelten Theorie. Wie kann man z.B. sehen (ein-sehen), daß 11 ein Teiler von 1001 ist? Vielleicht so: Jeder 100er besteht aus 99 + 1, also aus 9 · 11 + 1.

Dann besteht 1001 aus 10 · 9 · 11 + 10 · 1 + 1, also 91 · 11. Bevor man das richtig sieht, ist Denkarbeit zu investieren. Genau das aber soll die bildliche Darstellung anregen, hervorrufen. Allgemeiner: Die verschiedenen Sprachen sollen weder nacheinander noch sonstwie separiert voneinander geübt werden, es ist gerade umgekehrt das wechselseitige Übersetzen der Witz der Sache. Das folgende Beispiel möge dieses *Prinzip des* sogenannten *inter-* und *intramodalen Transfers* erläutern:

	Handlung	Bild	Symbol
Hand-lung	Zum Münzenlegen ⑤②⑤ Stäbe aneinandersetzen	Zum Münzenlegen ⑤②⑤ ein Bild malen	Zum Münzenlegen ⑤②⑤ eine Gleichung schreiben $7 + 5 = \square$
Bild	Zum Bild (5 10 15) Münzen legen ⑤②⑤	Zum Bild (5 10 15) ein anderes Bild malen	Zum Bild (5 10 15) eine Gleichung schreiben $7 + 5 = \square$
Symbol	Zur Gleichung $7 + 5 = \square$ Münzen legen ⑤②⑤	Zur Gleichung $7 + 5 = \square$ ein Bild malen	Zur Gleichung $7 + 5 = \square$ eine andere Beschreibung finden, z.B.: Welche Zahl ist um 5 größer als 7?

Umgang mit Fehlern

Die Idee des entdeckenden Lernens enthält von allen bekannten Konzepten den fruchtbarsten Ansatz, *mit Fehlern umzugehen*, mit Schülerfehlern und mit Lehrerfehlern. Trivial ist, daß Fehler immer gemacht werden, wenn Menschen etwas tun; und das umso mehr, je komplexer der Tätigkeitsbereich ist. So ist z.B. der Lehrer täglich in Gefahr, viele didaktische und methodische Fehler zu begehen, die allerdings nicht so eindeutig zu erkennen sind. Sachliche Fehler der Schüler, z.B. Rechenfehler, sind immer eindeutig festzustellen, und gerade diese unproblematische Feststellbarkeit kann sich pädagogisch destruktiv auswirken, wenn die Schüler sich an alles zu halten versuchen, was Fehlervermeidung verspricht, und wenn der Lehrer (im guten Glauben) die Schüler eng an die Hand nimmt, um nach Möglichkeit Fehlerquellen zu umgehen.

Im Rahmen des entdeckenden Lernens werden dagegen Fehler positiv aufgearbeitet. Das bedeutet zweierlei: Erstens wird versucht, die Ursache eines Fehlers in vertrauensvoller Atmosphäre offen darzulegen, um dahinterzukommen, wie dieser Fehler wohl entstanden ist. Zweitens wird immer wieder ausdrücklich thematisiert, wie man die Lösung einer Aufgabe selbständig auf Richtigkeit kontrollieren kann.

Die in der Klasse betriebene Fehleranalyse ist sehr wichtig, denn hier lernen die Schüler nicht nur etwas zur Sache, sondern auch etwas über ihr eigenes Lernen und Verstehen. Der Hintergrund der Fehleranalyse ist die Überzeugung, daß die meisten Fehler nicht zufällig zustande kommen, sondern Ausdruck von Mißverständnis sind.

Beispiel:
Ein Schüler, der bisher alle „Treppen-Aufgaben" der Form
$$1 + 2 + 3 + 4 + 5 + 6 + 7 + 8 + 9 \quad (9 \cdot 5)$$ richtig gelöst hatte,
erhielt bei der Aufgabe $4 + 5 + 6 + 7 + 8$ das falsche Ergebnis 48. Nachforschung ergab, daß er $8 \cdot 6$ gerechnet hatte und nicht $5 \cdot 6$. Er hatte das in der Klasse erarbeitete Konzept für Treppenaufgaben „Anzahl der Zahlen mal Mittelwert der Zahlen" heimlich für sich umgedeutet als „größte der Zahlen mal Mittelwert der Zahlen", und dieses Konzept hatte ja auch funktioniert, solange die Reihen mit 1 begannen. Der Fehler war Anlaß, diese beiden Konzepte vergleichend bewußt zu machen. Man darf annehmen, daß dadurch die ganze Klasse an Verständnis gewann.

„In Fleisch und Blut" soll den Schülern allmählich die Haltung übergehen, Lösungen selbständig zu korrigieren, also zwischen Lösen und „Veröffentlichen" (Vorzeigen) der Lösung eine Prüfung, eine Kontrolle einzuschieben. Die wichtigsten Arten des selbständigen Kontrollierens sind:
— Überschlagen: Liegt mein Ergebnis in der Nähe des Überschlags?
— Nachdenken (bei Sachaufgaben): Ist mein Ergebnis vernünftig? (Wenn z.B. herauskommt, daß ein neues Auto 70 DM kosten soll, wird etwas nicht stimmen.)
— Nachrechnen: Ich wiederhole denselben Denk-/Rechenweg und vergleiche die beiden Lösungen.
— Gegenrechnen: Ich kontrolliere mit einem anderen Denk-/Rechenweg und vergleiche die beiden Lösungen.
— Tests: Ich mache eine Stichprobe, z.B. beim Rechnen die Zweier- oder (besser!) die Neunerprobe.

Die Kontrolle und erforderliche Korrektur einer Lösung, also die Suche nach möglicherweise vorliegenden Fehlern und ihre Beseitigung ist ein integraler Bestandteil des mathematischen Arbeitens; nicht aber etwas, das wegen der Zeugnisse zum Schulsystem gehört. Beim Aufstellen von Programmen für Computer nimmt die Fehlersuche einen bedeutenden Platz ein, manchmal verschlingt sie die Hauptarbeitszeit. Fehlersuche und Fehlerausmerzung heißt dort Debugging. Ich möchte deshalb die konstruktive Art und Weise des Umgangs mit Fehlern im entdeckenden Lernen als *Prinzip des Debugging* bezeichnen (Papert 1982).

Schließlich sei noch erwähnt, daß das entdeckende Lernen verheißungsvolle Ansätze zur Lösung der schwierigen und miteinander verflochtenen Probleme der *Differenzierung*, der *Leistungsbewertung* und des *sozialen Lernens* liefern kann.

Differenzierung

Für die Differenzierungsproblematik ist u.a. der Umstand wichtig, daß die Lerninhalte beim entdeckenden Lernen weitaus weniger lehrgangsartig („Stein auf Stein") organisiert werden als vielmehr originär in dem folgenden Sinne: Es wird zu Beginn einer Lernsequenz bei alltäglichen Phänomenen und Erfahrungen angesetzt (und nicht irgendwo innerhalb eines schon entwickelten Systems), so daß die Chancen zum verstehenden Einsteigen in einen Zusammenhang wieder neu verteilt sind. Erst in der Phase der Systematisierung wird stärker an fachliches Vorwissen angeknüpft. Sollen die Schüler z.B. das mündliche Vervielfachen großer Zahlen lernen (3. Kl.), so empfiehlt es sich, von realen Vervielfachungssituationen auszugehen und die Schüler mit praktischem Material handeln zu lassen, etwa mit Rechengeld oder Briefmarken oder Gewichtssteinen oder Punktfeldern oder . . .

$4 \cdot 175 \, g = 4 \cdot 100 \, g + 4 \cdot 50 \, g + 4 \cdot 20 \, g + 4 \cdot 5 \, g$

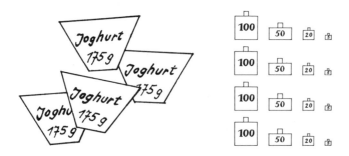

Leistungsbewertung

Die Leistungsbewertung, eine eher ärgerliche Herausforderung für das Konzept des entdeckenden Lernens, erhält hier zunächst einmal ihr menschliches Gesicht insofern, als Schüler und Lehrer sich solidarisieren gegen Instanzen außerhalb ihrer Gemeinschaft, die eine Notengebung erwarten. Ferner verliert die Leistungsbewertung an destruktiver Schärfe, wenn vertrauensvoll über Fehler, Lern- und Verständnisschwierigkeiten gesprochen wird. Vor allem aber liegt beim entdeckenden Lernen das Schwergewicht bei der Förderung des Leistungsvermögens; seine Steigerung wird in Kompetenzzunahme selbst erfahren und bedarf kaum der Quittierung durch Noten. Anders ausgedrückt: Im Rahmen des entdeckenden Lernens spielt die Förderung der Anstrengungsbereitschaft und des Leistungsvermögens eine sehr bedeutsame Rolle, dagegen werden Fragen der Leistungsmessung und Notengebung auf das ihnen zustehende Maß eingeschränkt.

Soziales Lernen

Darin erkennt man gleichzeitig auch eine wichtige Komponente des sozialen Lernens: Die beständige Ermunterung zum selbsttätigen Handeln ist immer auch eine Aufforderung zum Mittun, Mitdenken, Miteinandersprechen, zum Hinhören und Widersprechen, also zum gemeinsamen Arbeiten, zur Kommunikation; aber der Sozialbezug kommt durch gemeinsames Bemühen um die Sache zustande und steht nicht primär unter Wettbewerbszwang. Belohnung für Anstrengung und sich hierdurch ergebende Verstärkung zu weiterer, evtl. vermehrter Anstrengung besteht in dem Erlebnis, etwas weitgehend selbständig zustande gebracht zu haben, und sei dies objektiv gesehen noch so bescheiden. Die schwierige Doppelaufgabe des Lehrers liegt hier darin, einerseits den Sinn für die Qualität von Anstrengungs*ergebnissen* zu fördern und gleichzeitig die Anstrengungs*bereitschaft* zu erhalten, auch dann, wenn die Ergebnisse des Schülers eher entmutigend sind.

Probleme der Verwirklichung

Was die Verwirklichung des entdeckenden Lernens angeht, so muß zuerst darauf hingewiesen werden, daß die Wendung „entdeckendes Lernen" mehr eine weite Perspektive, ja ein Philosophie des Unterrichtes ist und nicht eine fertige Liste von methodischen Handlungsanweisungen für den Lehrer, die Erfolg garantieren. Das bedeutet, daß man sich als Lehrer nur immer in Richtung auf das Ziel hin bewegt und nie sagen kann, nunmehr das Konzept zu beherrschen (vergleichbar damit, daß man nie sagen kann, nunmehr sei man ein edler, hilfreicher und guter Mensch).

Das entdeckende Lernen bleibt definitionsgemäß immer eine herausfordernde Aufgabe, ein Ideal. Ihm entgegen stehen nicht nur äußere Gegebenheiten (begrenzte Stundenzahl, Stundenplanraster, Fachlehrersystem, mangelhafte Ausstattung mit Medien und Materialien usw.). Weit mehr ist zu beklagen, daß aufgrund intellektueller und emotionaler Umstände Eltern oft ein gefestigtes Bild vom Schullernen haben, wonach Seite für Seite des Schulbuches „behandelt" werden muß. Außerdem haben Eltern eine erfolgsorientierte Erwartungshaltung, die sie auf ihre Kinder projizieren. Die Lehrer plagt die Sorge der Eltern, bei entdeckendem Unterricht werde zu wenig geübt und man komme im Stoff nicht rasch genug vorwärts. Vor allem aber haben viele Lehrer weder in der eigenen Schulzeit noch in der Ausbildung Gelegenheit erhalten, ein schöpferisches Verhältnis zum mathematischen Arbeiten zu entwickeln. Mathematisches Wissen ist ihnen immer als fertiges, von außen herangetragenes und so zu akzeptierendes Wissen begegnet.

Darüber hinaus sind zahlreiche Mißverständnisse über das entdeckende Lernen verbreitet, etwa: Ein solcher Unterricht könne nur von pädagogisch hochbegabten Lehrern durchgeführt werden. Oder: Entdeckender Unterricht sei nur etwas für gute Schüler, schwache seien überfordert. Oder: Entdeckender Unterricht trage sich selbst, sei „laissez-faire-Unterricht". Dabei bedarf gerade diese Konzeption einer sehr gründlichen und weitgefaßten fachlichen und didaktischen Vorbereitung.

2.2. Intensivierung der Übungspraxis

Zielorientiertes Üben

Entdeckendes Lernen steht (entgegen einem verbreiteten Vorurteil) nicht im Widerspruch zum Üben; vielmehr ist Üben in ihm besonders gut aufgehoben, sofern das Üben entsprechend gestaltet wird (Winter 1984 a).

Daß Üben unverzichtbar ist, wenn eine Dauerwirkung des Unterrichts angestrebt wird, wird in letzter Zeit wieder allgemeiner anerkannt, gelegentlich auch pervertiert, wenn man glaubt, daß nur „richtiges Pauken" das A und O des Mathematikunterrichtes sei. Es muß im Hinblick auf alle Ziele hin geübt werden:

Zielbereich	äußerstes Ziel	Hauptübungstyp
Fertigkeiten	geläufig und sicher beherrschen	Algorithmen automatisieren
Wissen	gut organisiert u. leicht abrufbar zur Verfügung haben	Wissensnetze auf- und ausbauen
Fähigkeiten	flexibel anwenden können	komplexere Schemata stabilisieren, Heurismen bewußt machen
Positive Einstellungen/ Haltungen	Problemsensitivität, Beharrungsvermögen, Sachlichkeit verinnerlicht haben	Haltungen vorleben, positive Erlebnisse bestärken

Beim Einüben von Fertigkeiten, vor allem von Rechenfertigkeiten, kommt es darauf an, daß Algorithmen oder halbalgorithmische Prozeduren derart verinnerlicht werden, daß sie schließlich geläufig (ohne Stocken vom Start zum Ziel) und teilweise ohne bewußte Kontrolle (wie im Schlaf) verfügbar sind, d.h. leicht abgerufen und flüssig ausgeführt werden können. Der Erwerb von Fertigkeiten ist aber kein Selbstzweck; sie dienen vielmehr als Instrumente beim Lösen von Problemen, sind also Teile von übergeordneten Fähigkeiten. Das bedeutet, daß sie nur zum Teil in ihrer Isolierung geschult, zum wichtigeren Teil aber in Verbindung mit begrifflichem Wissen und Anwendungssituationen eingeübt werden müssen.

Wissen läßt sich nicht scharf von Fertigkeiten trennen; so muß der Schüler ein Wissen über Stellenwertdarstellung und 1 · 1-Sätze haben, wenn er schriftlich multipliziert. Andererseits ist es für den Erwerb von Wissen entscheidend wichtig, daß hier nicht feste, geordnete Folgen eingeprägt werden (wie bei den Fertigkeiten), sondern Netze von Wissenselementen auf- und ausgebaut werden.

Isoliertes Wissen ist unfruchtbares Wissen. Wenn der Schüler z.B. nur weiß, woran man eine Primzahl erkennen kann, so wäre dies ein wertloses Wissen, insofern es nicht in Verbindung stünde mit Anwendungssituationen (Eine Gruppe von 29 Schülern kann man eigentlich nicht in gleichstarke Teilgruppen zerlegen.) und weiteren Begriffen (teilen, teilbar, Rest, zerlegbar, . . .).

Das Hauptbetätigungsfeld für Übungen muß das Einüben von Fähigkeiten sein. Die Schüler müssen immer wieder die Möglichkeit erhalten, sich an Problemen angemessenen Schwierigkeitsgrades zu versuchen (und dabei auch immanent Fertigkeiten zu trainieren und Wissen einzuprägen!). Der entscheidende Punkt in der Ausübung von Fähigkeiten besteht darin, daß außer dem Rückgriff auf im Langzeitgedächtnis verfügbare Fertigkeiten und Wissenselemente eine Situation wahrgenommen und analysiert werden muß und außerdem allgemeine Vorgehensweisen (Heurismen) aktiviert werden müssen. Die Lösung der Sachaufgabe: „Wie lange dauerten die Sommerferien, wenn der 27. Juni der erste und der 9. August der letzte Ferientag waren?" erfordert Sachwissen über den Kalender und in arithmetischer Hinsicht mindestens die rechnerische Fertigkeit des Zählens. Das reicht aber keineswegs aus. Der Schüler muß zunächst einmal die Situation verstehen, sie sich etwa so vorstellen (oder auch zeichnerisch darstellen) können:

Und außerdem muß er die Strategie des stückweisen Vorgehens erinnern und heranziehen, um damit zum Lösungsplan

Ferientage im Juni	+	Ferientage im Juli	+	Ferientage im August
(27.—30.6.)		(1.—31.7.)		(1.—9.8.)
4	+	31	+	9

und schließlich zur Lösung zu kommen.

Im Vergleich zu Fertigkeiten ist bei Fähigkeiten der Anteil bewußter, verstandesmäßig gesteuerter Handlungen bedeutend höher. Aufgaben auf dem Fähigkeitsniveau können daher nie so geläufig und sicher bearbeitet werden wie solche auf dem Fertigkeitsniveau. Es ist daher ein verfehltes Üben, wenn z.B. das Lösen von Sachaufgaben so geübt wird wie das Eintrainieren einer Fertigkeit, weil das Lösen von Sachaufgaben eben nicht restlos auf einen Algorithmus (ein immer passendes Verfahrensrezept) reduzierbar ist. Das in der Unterrichtspraxis beliebte Aufschreibeschema (Fragen, Rechnen, Antworten o.ä.) ist viel zu formal, nützt dem Schüler gar nichts, wenn er die Situation nicht versteht, ganz zu schweigen davon, daß wichtige Tätigkeiten wie Abändern, Übertragen in dem Schema fehlen. Auch das gesonderte Üben von Aufgabentypen nach Sachgebieten (Kalenderaufgaben, Postaufgaben, . . .) oder nach arithmetischer Struktur (Ergänzungsaufgaben, Malschlußaufgaben . . .), ist prinzipiell unzulänglich, weil hierbei gerade nicht das Spezifische geübt wird: nämlich das Analysieren von Situationen, das Wechseln von Darstellungsformen, das systematische Variieren der Daten, das Übertragen auf neue Situationen, kurz: das Mathematisieren von Sachsituationen.

Einstellungen und Haltungen wie Beharrlichkeit, Problemempfindlichkeit, Anstrengungsbereitschaft, Sachlichkeit, Freude an Verstandestätigkeit, Bedürfnis nach Vollständigkeit und Schönheit, Bereitschaft zur Kritik, zur Selbstkorrektur und zur sachgemäßen Aufarbeitung von Fehlern, können wahrscheinlich nur unbewußt und indirekt geübt werden. Entscheidend sind hier der Lehrer als Vorbild und seine Art, Handlungsweisen der Schüler zu bewerten.

Üben als Bestandteil des Lernens

Im Rahmen des entdeckenden Lernens ist das Üben ein integraler Bestandteil des Lernprozesses in allen seinen Stadien (und nicht in eine mehr separierte Phase nach der Phase der Einführung abgedrängt): Bei der Auseinandersetzung mit einem Phänomen wird das Beobachten, Erkunden, Fragen geübt, und dabei wird unweigerlich Bekanntes wiederholt. Der Entdeckung geht immer ein Suchprozeß voraus, der aber nichts anderes bedeutet als ein Durchmustern, Umordnen und Neuordnen von Gedächtnisinhalten, was eine intensive (immanente) Wiederholung darstellt.

Gezielt wird in der Phase der systematischen Einordnung geübt, wenn der neue Inhalt planmäßig mit bekannten Inhalten in Beziehung gesetzt wird, wenn das Neue operativ durchgearbeitet (systematische Veränderung der Daten, Umkehrung der Fragestellung oder Sichtweise) und so kurz und so klar wie möglich dargestellt wird. Schließlich sind in der Phase der Rückschau das Herausarbeiten von Heurismen (Was hat uns bei der Lösung geholfen? Worauf wirst du achten, wenn eine ähnliche Aufgabe kommt?) und das planmäßige Suchen nach Übertragungen des Gelernten auf neue Situationen übungsintensive Komponenten. Übungsunterricht in dem Sinne, daß nicht ausdrücklich neue Inhalte erarbeitet, sondern „alte" durchgearbeitet, vertieft, gefestigt werden sollen, dem ja von der Lernzeit her der Löwenanteil zukommt, wird dem Leitprinzip des entdeckenden Lernens gerecht, wenn er die folgenden 4 Merkmale anstrebt:

— Problemorientierung: Aufgabensequenzen sollten in der Umgebung übergeordneter Fragen stehen.
— Operativität: In Aufgabensequenzen sollten Daten systematisch so verändert werden, daß die Einsicht in Zusammenhänge vertieft wird.
— Produktivität: Aufgabensequenzen sollten möglichst von Schülern selbst erzeugt und eigenständig kontrolliert werden.
— Lebensorientierung: Nach Möglichkeit sollte das Üben mit der Vermehrung sachkundlichen Wissens und lebenspraktischer Tätigkeiten verknüpft werden.

Es wird nicht immer möglich sein, alle 4 Merkmale in gleichstarker Ausprägung so zu verwirklichen wie in dem folgenden Beispiel zum Üben des additiven Rechnens im Zahlenraum bis 100 mit Geld.

1. Beispiel zum Üben

Die Schüler haben genügend viele Exemplare der Münzen 1 Pf, 2 Pf, 5 Pf, 10 Pf, 50 Pf vor sich und natürlich ein Heft.

Problemfeld 1: Jenny kauft einen Becher Yoghurt, der 89 Pf kostet. Wie kann man 89 Pf mit Münzen legen?, mit möglichst wenigen Münzen?, mit 8, 9, 10, . . . Münzen?, wenn man kein 50-Pf-Stück hat? Jenny hat nur zwei 50-Pf-Stücke mit, was passiert da an der Kasse? Und wenn der Yoghurt-Becher 75 Pf, 78 Pf, 84 Pf, . . . kosten würde? Sucht *alle* Möglichkeiten für 10 Pf, 12 Pf, 20 Pf, usw.

Problemfeld 2: Wir haben fünf Münzsorten. Was wäre, wenn man nur 1-Pf-Stücke (nur 2-Pf-Stücke, . . .) hätte? Warum gibt es mehrere Sorten, man kann doch jeden Betrag allein mit 1-Pf-Stücken bezahlen? Was kann man alles bezahlen, wenn man nur 2 Sorten (3 Sorten) Münzen hat, z.B. 1-Pf- und 10-Pf-Stücke? usw.

Problemfeld 3: Es werden Preise (von 1 Pf bis 99 Pf) genannt, die mit möglichst wenig Münzen (ohne Rausgeben!) zu bezahlen sind. In Partnerarbeit entstehen so Tabellen dieser Art:

Preis	Anzahl der Münzen				
	50 Pf	10 Pf	5 Pf	2 Pf	1 Pf
60 Pf	1	1			
72 Pf	1	2		1	
19 Pf		1	1	2	

Läßt sich etwas entdecken? Ja, z.B.: Am meisten braucht man 10-Pf-Stücke. Das kann noch genauer untersucht werden: Bei allen Beträgen von 10 Pf bis 49 Pf und von 60 bis 99 Pf braucht man mindestens ein 10-Pf-Stück, das ist also in 80 Fällen von 99 Fällen (1 Pf bis 99 Pf) so! Und in wieviel Fällen braucht man mindestens ein 50-Pf-Stück, ein 5-Pf-Stück, . . .?

Problemfeld 4: Der Stufenaufbau der Münzwerte ist merkwürdig, von 1 Pf bis 2 Pf ist nur 1 Pf Unterschied, aber von 10 Pf bis 50 Pf haben wir 40 Pf Unterschied. Vergleicht jeden Wert mit jedem (Tabelle)! Wie erklärt ihr euch das? Nehmt einmal an, es wären immer gleichgroße Unterschiede, wir hätten also z.B. die Münzsorten 1 Pf, 11 Pf, 21 Pf, 31 Pf, . . .! Wie wären dann 40 Pf, 49 Pf, 63 Pf . . . zu bezahlen? usw.

Problemfeld 5: Zum Aufschreiben von Geldbeträgen (Preisen) paßte es doch besser, wenn wir nur 1-Pf- und 10-Pf-Stücke hätten (Einer, Zehner). Was ist, wenn du nur Einer und Zehner zum Bezahlen bei dir hast? Bei welchen Preisen brauchst du dann besonders viele Münzen? Bei welchen Preisen kämst du mit höchstens 4 Münzen aus? usw.

Problemfeld 6: Wir führen neue Münzgesetze ein. Es soll nur Münzen mit den Werten 1 Pf, 5 Pf und 25 Pf geben. Stellt euch aus Pappe solche Münzen her. Wie kann man damit 30 Pf, 42 Pf, 49 Pf, 50 Pf, . . . 99 Pf bezahlen? Wieviele Münzen von jeder Sorte muß man haben, um jeden Preis von 1 bis 100 Pf bezahlen zu können? usw.

Von besonderer Bedeutung — auch im Hinblick auf soziales Lernen — sind in der Grundschule Übungsaktivitäten mit spielerischem Einschlag dann, wenn einerseits der Zufall eine Rolle spielt (Überraschungsmoment, Spannung), aber andererseits auch eine (mehr oder minder sichere) Gewinnstrategie aufzusuchen und anzuwenden ist, und dabei mathematische Kenntnisse und Erkenntnisse vermehrt oder vertieft werden. Das folgende $1 \cdot 1$-Spiel kann allein, in kleinen Gruppen oder auch im offenen Klassenverband gespielt werden.

2. Beispiel zum Üben

Schmetterlingsjagd:
Als Spielplan dient ein „Baum" mit 100 (von 1 bis 100) „Blüten", die aus ihm hervortreten. Weiterhin brauchen wir ein Symbol (Spielstein) für den Schmetterling und 8 Bewegungsscheiben mit +1, +1, −1, −1, +2, +2, −2, −2 für den Schmetterling und 4 Bewegungsscheiben mit :2, :2, :3, :5 für den Fänger. Zu Beginn wird irgendeine Zahl (von 50 bis 100) von einem Nichtmitspieler genannt (oder ausgelost), das ist die Startzahl, darauf wird im Baum der Schmetterling gesetzt. Der Spieler, der den Schmetterling spielt, ist als erster dran. Er kann den Schmetterling um eine oder zwei Blüten auf- oder abfliegen lassen und muß dabei jeweils eine der Scheiben abgeben, bis er auf eine „gefährliche Blüte" gerät und der Fänger eingreifen kann oder bis er alle Scheiben verbraucht hat und sich ausruhen darf und gewonnen hat. Der Fänger kann und muß eingreifen, wenn die Blütenzahl, auf die der Schmetterling gerät, durch 2, 3 oder 5 teilbar ist, sofern er noch Scheiben hat. Sobald er eingreift, setzt er den Schmetterling entsprechend zurück und gibt die entsprechende Scheibe ab. Gelingt es ihm, den Schmetterling — bevor dieser alle Scheiben abgeben konnte — auf eine Blütenzahl unter 10 zu bringen, so ist der Schmetterling gefangen, und der Fänger ist der Sieger. Kann der Fänger nicht weiter eingreifen, dann ist der Schmetterling wieder dran.

Beispiele: Startzahl ist 60

Schmetterling

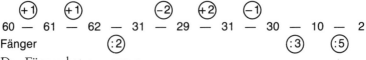

Der Fänger hat gewonnen.

Oder:

Schmetterling

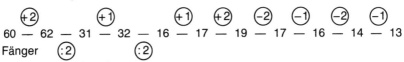

Der Schmetterling hat gewonnen.

Probleme: Worauf muß der Schmetterling achten? Gibt es für den Schmetterling eine andere Gewinnmöglichkeit von 60 aus? Wie steht es für den Schmetterling, wenn die Startzahl 55, 59, ... 9 ist? Gibt es Startzahlen zwischen 60 und 70, von denen aus der Schmetterling nicht gewinnen kann? Wie kann man das Spiel ändern (z.B. Bewegungszahlen ändern, „Gefängniszahlen" ändern) usw.

Spielerische Übungsaktivitäten müssen möglichst Neugier bezüglich der mathematischen Sachverhalte wecken; es geht nicht um Versuche, das angeblich saure Übungsgeschäft zu versüßen.

Von didaktisch geringerem Wert sind Übungsspiele, bei denen keine mathematische Idee angesprochen wird und deren Spannung und Korrektur sachfremd, von außen herangetragen sind. Hierzu zählen die verbreiteten Färbungs- und Puzzlespiele: Hat der Schüler die Aufgabenteile richtig auf das Raster mit den Antwortzahlen gelegt, geht also das Puzzle auf, so hat er (vermutlich) richtig gerechnet (oder geraten), aber die Anlage des Puzzles hat überhaupt nichts mit dem Inhalt der Aufgaben zu tun (Es könnte sich auch um geografische Rätselaufgaben handeln!). Die Übung dient allenfalls der gedächtnismäßigen Verankerung von Zahlensätzen; immerhin ist sie wegen des Spannungsmomentes, einer gewissen Selbstkontrolle und Individualisierungsmöglichkeit ein wenig wertvoller als reines verbales Abfragen im Klassenverband. In jüngerer Zeit ist der Bestand an kreativen Übungsformen sehr stark vergrößert worden. Der Lehrer sollte möglichst viele kennen, um eine Auswahl der jeweiligen Situation entsprechend treffen zu können. Wichtig ist, daß er imstande ist, die in der Literatur vorgeschlagenen Übungsaktivitäten auf seine Verhältnisse zu transformieren.

2.3 Anwendungs- und Strukturorientierung

Lerninhalte des Mathematikunterrichts dürfen nicht nur nach ihren innerfachlichen Zuordnungen (Arithmetik, Geometrie, Größen, Statistik) gegliedert werden, sondern müssen auch — gewissermaßen quer dazu — nach zwei übergeordneten Leitgedanken akzentuiert werden, die aufs engste miteinander zusammenhängen. Bei jedem Lerninhalt kann man einen strukturellen Kern und einen Kranz von Anwendungssituationen unterscheiden. Ohne den Kern sind die Anwendungen blinde, zufällige, unverbundene Erscheinungen, ohne die Anwendungen ist der Kern Formalismus und Verbalismus.

Anwendungsorientierung

Unter Anwendungsorientierung von Lerninhalten werden alle die didaktischen Bemühungen verstanden, die darauf gerichtet sind, mathematische Sachverhalte mit der Lebenswirklichkeit der Schüler in Zusammenhang zu bringen, um damit einerseits mathematische Inhalte erfahrbar zu machen und andererseits die Wirklichkeitserschließung zu fördern. Gleichzeitig wird dabei ein spezifisches mathematisches Anwendungswissen entwickelt. Man kann also 3 miteinander verschränkte didaktische Funktionen der Anwendungsorientierung unterscheiden:
(1) Anwendungen im Dienste mathematischer Begriffsbildungen: Reale Situationen dienen als Ausgangspunkte, Quellen für Fragestellungen, Verkörperung von Ideen, Felder der Erprobung und Übertragung.
(2) Anwendungsorientierung als Lernziel: Die Entwicklung mathematischer Fähigkeiten steht im Dienst der Umwelterschließung; Mathematik als Sachunterricht.
(3) Anwendungswissen als Lernstoff: Die Schüler erwerben elementare Kenntnisse über Größen (Maßeinheiten und ihr Zusammenhang, Rechnen mit Größen, Beziehungen zwischen verschiedenen Größen) und Statistik (Darstellung von Daten, Mittelwerte).
Am wichtigsten und umfassendsten aber auch in der Realisierung am anspruchsvollsten ist die Funktion (2). Umwelterschließung muß möglichst mit allen Themen intendiert werden, sie darf sich nicht auf die Behandlung von „Rechenfällen im Alltag" oder gar auf „Rechnen mit benannten Zahlen" reduzieren (Winter 1985).
Die folgende Tabelle mit umweltbezogenen Fragestellungen soll andeuten, wie die Anwendungsorientierung alle Inhalte in allen Schuljahren durchdringen kann.

Schj.	Arithmetik	Geometrie	Größen/Statistik
1	Ist bei den Kindern unserer Klasse Milch beliebter als Kakao? (Zählen, Vergleichen)	Wie müssen wir die Tische und Stühle aufstellen, daß jedes Kind leicht jedes andere Kind sehen kann? (Lagebeziehungen)	Ein Heft kostet 50 Pf. Mit welchen Münzen kann man das bezahlen? (Münzen)
2	Wie kannst du geschickt die Sitzplätze in einem Bus (einer Schulklasse, einem Gasthaus,...) abzählen? (Malnehmen, Teilen)	Eine Schaufensterscheibe wird von innen beschriftet, aber von außen soll es zu lesen sein. Was muß man beachten? (Spiegelung, Symmetrie)	Was mußt du messen, wenn im Versandhaus eine Hose für dich bestellt werden soll? (Längenmaße)
3	Wieviel Zeit verbringst du in der Schule (in dieser Woche, diesem Monat, diesem Jahr, ...?) (Rechnen, Zeitmaße)	Warum haben Ziegelsteine diese Form? (Quader, Rechteck)	Wie funktioniert ein Meßbecher in der Küche? (Gewicht, Volumen [„Hohlmaße"], Vorerfahrung zu Artgewicht)
4	Was brauchen die Menschen einer Großstadt (z.B. 250 000) pro Tag, wenn jeder 1/4 l Milch trinkt, 1 Apfel ißt, 100 g Brot ißt, ...? (Darstellung großer Zahlen)	Wie lang ist dein Schulweg? (Orientierung, Kartenverständnis, Maßstab)	Wieviele Körner hat eine Weizenähre? (Stichprobe erheben, auszählen, darstellen, Mittelwerte bestimmen)

Jedes dieser Beispiele kann als Unterrichtsprojekt entwickelt werden, wobei der Umfang und der Grad der überfachlichen Vernetzung in weiten Grenzen schwanken können. Das Thema „Ziegelsteine" z.B. könnte etwa die folgenden Teilthemen bzw. Aktivitätsfelder umfassen:
— Beobachtungen auf der Baustelle: Wie der Maurer die Steine setzt. Wie das Mauermuster von der Seite aussieht; warum so gemauert wird. Wie lang, breit, hoch, schwer ein Ziegelstein ist.

— Herstellen von (kleinen) Ziegelsteinformen aus Knete, Pappkarton, Stäbchen und Korken, u.ä.: Worauf wir beim Herstellen achten müssen (Formerfassung).
— Bauen von räumlichen Figuren aus (gleichgroßen) Ziegelsteinformen (Mauern, Treppen, Säulen, Tröge, . . .): Warum sich diese Form (Quader) so gut eignet, warum man nicht z.B. Kugeln oder Pyramiden (Milchtüten) u.a. nimmt: Wand wird „gerade" (lotrecht), Steine passen gut zusammen, Form ist leicht herstellbar, Form ist gut mit den Händen zu fassen.

Das Wichtigste wäre auf jeden Fall die Erkenntnis, daß die Quaderform des Ziegelsteines weitgehend von seinem Zweck bestimmt ist. Die Schüler sollen nachher Mauerwände mit andern Augen sehen, ein Stück mehr Verständnis für ihre Umwelt gewonnen haben.

Bei all diesen umwelterschließenden Bemühungen muß aber immer auch erlebt werden, daß das mathematische Ordnen einer Situation nur bestimmte Aspekte (nämlich Zahl, Maß, Form) erfaßt und andere ausblendet, beim Thema Ziegelstein z.B. Farbe, Material, Herkunft, Verhalten gegenüber Wind und Wetter, usw.

Strukturorientierung

Die *Strukturorientierung* läuft darauf hinaus, das Regelhafte, Gesetzmäßige, Formelhafte, eben die Struktur, das allgemeine Muster einer außer- oder innermathematischen Situation erfahrbar zu machen, entdecken und beschreiben zu lassen. Das Gegenteil von Strukturorientierung wäre die drillmäßige Einverleibung von Einzelfakten. Wenn das Kind in der Vorschulzeit oder im Laufe des ersten Schuljahres (plötzlich) gewahr wird, daß die Zahlwörter beim verbalen Zählen keine zusammenhanglose Reihung von Wörtern darstellen, sondern von Rhythmen beherrscht werden, dann hat es etwas Strukturelles entdeckt; mit einem Schlag wird dadurch das Zählen leicht, durchsichtig, richtig. Ebenso verhält es sich mit dem Addieren: Strukturorientierung bedeutet hier das Aufdecken der Zusammenhänge zwischen verschiedenen Zahlensätzen, wobei es natürlich wichtig ist, daß diese Zusammenhänge sichtbar, handlungsnah und umgangssprachlich beschreibbar sind, etwa der Nachbarschaftszusammenhang:

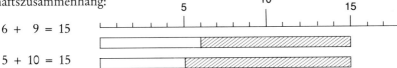

Bei 6 + 9 muß dasselbe herauskommen wie bei 5 + 10, denn ich mache die eine Zahl um 1 kleiner, dafür die andere um 1 größer. Es muß dann auch 6 + 10 = 16 sein, ebenso 5 + 11 = 16 usw.

Die folgende Übersicht mag andeuten, daß *jeder* Lerninhalt einen strukturellen Kern enthält (und dadurch überhaupt rechtfertigbar ist), der sichtbar gemacht werden kann und muß, und daß Anwendungsorientierung und Strukturorientierung oft auf ein und dasselbe hinauslaufen.

Schj.	Arithmetik
1	Punktmuster •• •• $5+4 = 9$ $4+5 = 9$ •• •• $9-4 = 5$ $9-5 = 4$ $9 = 2+5+2$ $9 = 3+3+3$ $9 = 7+2$ $9 = 4+1+4$ (Operativer Zusammenhang beim Addieren)
2	Rechengeld ⑤⑤⑤⑤⑤⑤|⑤⑤⑤⑤ ②②②②②②|②②②② ①①①①①①|①①①① $6 \cdot 8 = 6 \cdot 5 + 6 \cdot 3$ $6 \cdot 8 = 6 \cdot 7 + 6 \cdot 1$ $6 \cdot 8 = 6 \cdot 6 + 6 \cdot 2$ $6 \cdot 8 = 5 \cdot 8 + 1 \cdot 8 \dots$ (Operativer Zusammenhang beim Multiplizieren)
3	Stellenwerte H Z E Zahldarstellung
4	Teiler einer Zahl T 36

38

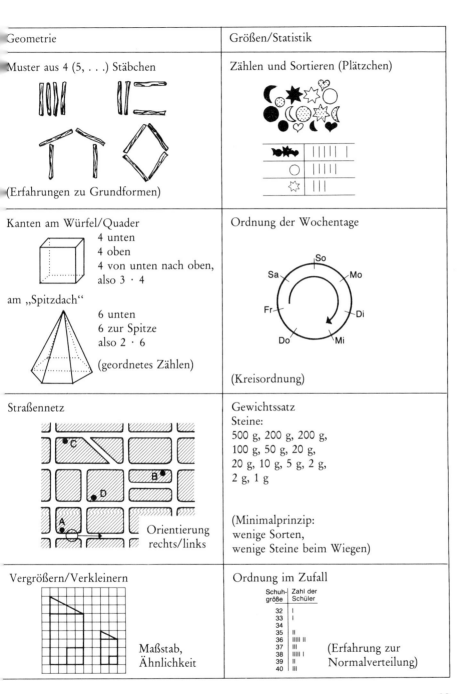

An der Sammlung wird gewiß auch deutlich, daß beim Aufdecken, Aufprägen und Darstellen von Strukturen immer wieder allgemeine Techniken ausgeübt werden: sortieren, auflisten, anordnen, umordnen, umstrukturieren, zuordnen, vergleichen usw.

Ganz speziell beim Sachrechnen ist der wesentliche Punkt der, die in der Sachsituation obwaltenden Gesetzmäßigkeiten zu entdecken und zum Ausdruck zu bringen. Situationsskizzen und zugehörige Formeln in der Umgangssprache können dieses Gesetz oft auf einfache und suggestive Weise deutlich machen. So ist der strukturelle Kern der Aufgabe „Wie lang ist der Rand einer rechteckigen Tischdecke, die an den Seiten eines rechteckigen 1,40 m — 0,80 m — Tisches überall 20 cm überhängt?" in einer Aufsichtszeichnung dargestellt, aus der die Beziehung zwischen Tischumfang und Tischdeckenumfang hervorgeht:

Tischdeckenumfang = Tischumfang + 8 · 0,20 m

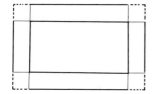

Diese Darstellung ist auch vorwärtsweisend, da klar wird, daß der Tischdeckenumfang immer um 8 · 0,20 m größer ist als der Tischumfang (beim Überhang von 0,20 m), gleichgültig, welche Ausmaße der rechteckige Tisch hat.

3. Bemerkungen zu einigen Einzelfragen

3.1 Mengensprache und Mengensymbole

Der hier skizzierte Neuansatz ist nicht darauf angewiesen, daß Mengensprache oder Mengensymbole verwendet werden. Der Verzicht auf Mengensprache (Teilmenge, Vereinigungsmenge, Schnittmenge, Restmenge, ist Element von) und Mengensymbolik ⊆ ∪ ∩ \ ∈
soll als Antwort verstanden werden auf:
— einen stofflich überfrachteten Unterricht,
— die relativ zeitaufwendigen Übungen, die vielerorts zum Erwerb dieser Sprache aufgewandt wurden,
— die unsichere curriculare Situation in den weiterführenden Schulen,
— die Sorge, daß die Sprache wichtiger genommen wird als der Inhalt.
Mit dieser Einschränkung soll natürlich keineswegs das Wort „Menge" verboten werden. Schon gar nicht ist damit ein Verzicht auf die der Mengenlehre zugrundeliegenden Ideen gemeint. So kann man der Teilmengenbeziehung auf keinen Fall entgehen, und zwar in keinem der drei Inhaltsbereiche
Arithmetik, z.B.: Neunerzahlen — Dreierzahlen
Geometrie, z.B.: Quadrate — Rechtecke
Statistik, z.B.: Mädchen — Kinder
Dies ist eine grundlegende Idee. Jedoch soll es genügen, sie umgangssprachlich, handlungsmäßig und vor allem bildhaft auszudrücken, etwa: Jede Neunerzahl ist (erst recht) eine Dreierzahl. Oder: Die Neunerzahlen sind besondere Dreierzahlen.

Ganz Entsprechendes gilt für andere Begriffe. Es geht beispielsweise nicht darum, „die Schnittmenge zu behandeln", aber es ist sinnvoll, einschlägige Situationen aufzuhellen:
Arithmetik, z.B.: Zahlen, die größer als 116 und kleiner als 187 sind

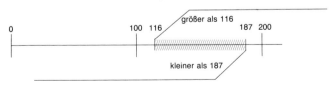

Geometrie, z.B.: Figuren, die dreieckig sind *und* eine Spiegelachse haben
Statistik, z.B.: Kinder, die jünger als 10 Jahre *und* schwerer als 32 kg sind.

3.2 Vertiefung der Arithmetik

Beim Zahlenrechnen sollen zwei Neuerungen des hier skizzierten Ansatzes besonders hervorgehoben werden: die stärkere algebraische Durchdringung des Rechnens und die entschiedenere Pflege des Näherungsrechnens.
Die Durchdringung des Rechnens mit *algebraischen Ideen* (nicht mit formalen Prozeduren!) erstreckt sich u.a. auf den Gebrauch des Gleichheitszeichens als Gleichgewichtszeichen, das Lösen von Gleichungen/Ungleichungen (mit Variablen) und das Bewußtmachen von Rechenstrategien.

Gleichheitszeichen

Die „natürliche" Sicht des Gleichheitszeichens als „ergibt" soll behutsam, aber auch nachdrücklich ergänzt — nicht abgelöst! — werden durch die Gleichgewichtssicht: Auf beiden Seiten von = steht derselbe Wert, wenn man ausrechnet (und vorher in die evtl. vorhandenen Leerstellen Zahlen einsetzt). Diese algebraische Gleichgewichtssicht entwickelt sich nicht von selbst, sie muß durch gezielte didaktische Interventionen erworben werden. In der 1. Klasse eignen sich hierzu in besonderer Weise Cuisenaire-Stäbe o.ä. Material:
 7+3 = 10,   7+3 ist dasselbe wie 10,
der 7er Stab und der 3er-Stab sind zusammen so lang wie der 10er-Stab.

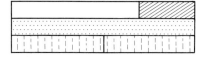

7+3 = 5+5,   7+3 ist (ergibt) dasselbe wie 5+5.
10 = 5+5
10 ist genauso viel wie 5+5.
Der 10er-Stab ist genauso lang wie zwei 5er-Stäbe hintereinander, usw. Die Gleichgewichtssicht erlaubt es dann, immer stärker die Rechenwege bei komplexeren Aufgaben in der Form von *Gleichungsketten* zu notieren, und das ist (im Gegensatz zu den traditionellen Formen der halbschriftlichen Notation) die weittragende, äußerst flexible und wirklich wichtige Darstellung.

Beispiele:

```
36+47  = 30+40+6+7 = 70+13 = 83
oder:  = 36+40+7 = 76+7 = 83
oder:  = 36+50 − 3 = 86 − 3 = 83
oder:  = 70+13 = 83
oder:  = ...
9 · 18 = 9 · 10 + 9 · 8 = 90+72 = 162
oder:  = 90+72 = 162
oder:  = 9 · 20 − 9 · 2 = 180 − 18 = 162
oder:  = 9 · 9 · 2 = 81 · 2 = 162
oder:  = ...
```

Das verständige Entwickeln von Gleichungsketten erfordert aber einen mehr oder weniger langen algebraischen Atem, so daß immer wieder beobachtet und beachtet werden muß, inwieweit die einzelnen Schüler hierzu imstande sind. Den Anspruch muß man entsprechend flexibel gestalten.

Gleichungen lösen

Natürlich erfolgt in der Grundschule das Lösen von „echten" Gleichungen/Ungleichungen nicht durch formale Umformung („auf die andere Seite bringen", „herauskürzen" o.ä.), sondern durch inhaltliche Überlegungen in Verbindung mit Handlungen und Bildern. Die Lösung von
$x - 39 = 153$
kann etwa so erfolgen:
Verstehen der Aufgabe: Deuten als Rätsel: Von welcher Zahl muß ich 39 wegnehmen (subtrahieren), um 153 zu bekommen? Erfassen des Zusammenhangs in einer Skizze und einer Schätzung:

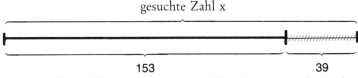

Auf jeden Fall muß die gesuchte Zahl größer als 153 sein, denn ich nehme ja etwas von ihr weg und erhalte dann 153.
Lösung: Die gesuchte Zahl muß um 39 größer sein als 153, also:
$x = 153+39 = 192$
Probe: $192 - 39 \ (= 192 - 40 + 1) = 153$.

Auch Pfeildiagramme können nützlich und erhellend sein, hier

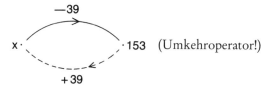 (Umkehroperator!)

aber sie decken (ohne Krampf) nicht alle Möglichkeiten von Gleichungen ab, z.B. nicht Aufgaben von diesem (anspruchsvollen) Typ: „Ich denke mir eine Zahl, addiere 26 und erhalte dadurch eine Zahl, die um 4 kleiner ist als das Dreifache der gedachten Zahl. Welche Zahl habe ich mir gedacht?"
Die Lösung der zugehörigen Gleichung
$$x + 26 = 3 \cdot x - 4$$
erschließt sich wieder am besten durch eine Skizze,

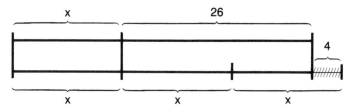

die übrigens auch *vor* dem Aufstellen der Gleichung entwickelt werden kann. Man entnimmt ihr direkt, daß $26 + 4 = 2 \cdot x$ sein muß, also die gesuchte Zahl 15 ist. Das Herstellen der Skizze ist natürlich nicht ein sich unmittelbar von selbst ergebender Akt der Veranschaulichung, vielmehr realisiert sich dabei das Verständnis des Rätsels, und die Lösung des Rätsels wird im Prinzip vorweggenommen.
Auch unlösbare und mehrfach lösbare Gleichungen/Ungleichungen können in der Grundschule vorkommen, z.B.
„Wenn ich meine Zahl mit sich selbst malnehme, bekomme ich wieder sie selbst".

$x \cdot x = x$ Lösungen: 0 und 1

„Wenn ich meine Zahl verdreifache, bekomme ich 10"

$3 \cdot x = 10$ Lösungen: keine (unter den natürlichen Zahlen)

„Wenn ich meine Zahl verdreifache, bekomme ich eine Zahl zwischen 40 und 50"

$40 < 3 \cdot x < 50$ Lösungen: 14, 15, 16

Rechengesetze

Rechenstrategien beruhen auf (algebraischen) Grundgesetzen der Arithmetik. Sie dürfen den Kindern einerseits nicht nur als etwas Trickhaftes („Ach, so macht man das also!") beim Lösen von Rechenaufgaben erscheinen; und andererseits wäre es verfehlt, wenn die Rechengesetze nur ein deklamatorisches Wissen darstellten. Anzustreben sind Formulierungen, die sowohl den rechenpraktischen Nutzen als auch den gesetzmäßigen Untergrund zum Ausdruck bringen.

Die Assoziativgesetze der Addition $(a+b) + c = a + (b+c)$

und Multiplikation $(a \cdot b) \cdot c = a \cdot (b \cdot c)$

z.B. bilden die Grundlagen für die Rechenstrategien der geschickten *Vorgehens in hintereinandergeschalteten Teilschritten:*

$17 + 19 = 17 + 13 + 6$ (zuerst +13, dann noch +6)

$245 + 89 = 245 + 55 + 34$ (zuerst +55, dann noch +34)

$8 \cdot 9 = 2 \cdot 36$ (zuerst 4mal, dann noch 2mal)

$15 \cdot 16 = 3 \cdot 80$ (zuerst 5mal, dann noch 3mal)

$36 \cdot 25 = 9 \cdot 100$ (zuerst 4mal, dann noch 9mal)

Diese Strategie kann aber erst ihre volle Kraft entfalten, wenn man auch die Subtraktion und Division und die Kommutativgesetze der Multiplikation und Division mit einbezieht. Dann könnte sie lauten:
Man darf beim Rechnen stückweise vorgehen, indem man die Rechenzahl zerlegt und so nacheinander über Zwischenergebnisse zum Ziel kommt:

Start-Zahl	1. Rech-nung	1.Zwischen-ergebnis	2. Rech-nung	2.Zwischen-ergebnis	...	letzte Rechn.	Ender-gebnis

Aus dem Kontext muß hervorgehen, was mit „Zerlegen" jeweils gemeint ist, und natürlich ist es immer wieder notwendig, erfahren zu lassen, inwiefern die Strategie richtig ist, und das geschieht am überzeugendsten, wenn auf praktische Erfahrungen zurückgegriffen wird, z.B. auf Erfahrungen mit Geld.

$$267 + 186 = 267 + 100 + 80 + 6$$
$$= 367 \quad\quad + 80 + 6$$
$$= 447 \quad\quad\quad\quad + 6$$
$$= 453$$

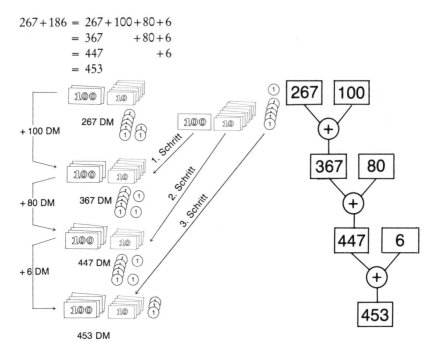

Zur Kontrolle können
wir auch anders zerlegen: oder: oder: usw.
$$267 + 186 = 267 + 33 + 153 \quad = 267 + 133 + 53 \quad = 267 + 200 - 14$$
$$= 300 \quad + 153 \quad\quad = 453 \quad\quad\quad = 453$$
$$= 453$$

Eine zweite wichtige Strategie ist das *Vorgehen in parallel geschalteten Teilschritten*, die insbesondere beim Multiplizieren und Dividieren größerer Zahlen benötigt wird und deren Herzstück die Distributivgesetze bilden:
$$a \cdot (b + c) = a \cdot b + a \cdot c,$$
$$(a+b) : c = a : c + b : c.$$
Sie könnte etwa so lauten:
Man darf beim Rechnen stückweise vorgehen, indem man zunächst Teilrechnungen durchgeführt und diese dann zum Endergebnis zusammenfaßt.

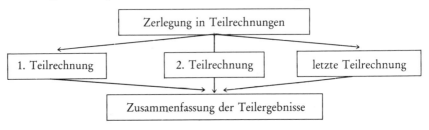

Beispiel:
9 · 387 = 9 · (300+80+7)
      = 2700+720+63
      = 3483

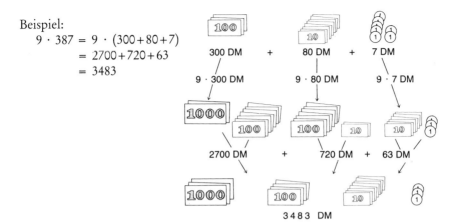

Die schriftliche Multiplikation wird gut vorbereitet, wenn wir umstellen und von rechts nach links rechnen.
387 · 9 = (300+80+7) · 9
      = 2700+720+63

Zur Kontrolle können andere Zerlegungen dienen:
9 · 387 = 9 · 400 — 9 · 13   oder   9 · 387 = 10 · 387 — 1 · 387
      = 3600 — 117   = 3870 — 387
      = 3483   = 3483

Rechenbäume machen den Unterschied zwischen den beiden Strategien besonders schön klar.

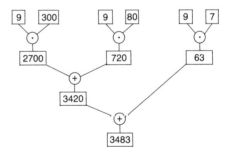

Nach der Strategie der parallel geschalteten Teilschritte könnte die obenstehende Additionsaufgabe auch so gelöst werden:
267+186 = 200+100 + 60+80 + 7+6
       =   300   + 140 + 13
       =   453

Natürlich können beide Strategien auch in einer Aufgabe vermengt auftreten, so wie oben ja die Aufsummierung der Teilprodukte wieder nach der Hintereinanderstrategie erfolgt.

Näherungsrechnen

Weit stärker als bisher muß das *Näherungsrechnen* geschult werden, nicht zuletzt auch im Hinblick auf den Gebrauch von Taschenrechnern. Das Näherungsrechnen hat mindestens zwei Aspekte:
(1) die mehr oder weniger rohe Abschätzung von Zahlen und Größen in Alltagssituationen
(2) das überschlägige oder Schranken bestimmende Ermitteln von Rechenergebnissen.

Beispiele zu (1):
Wieviele Schultage hat ein Kalenderjahr?
Die Anzahl aller Tage ist 365, das sind rd. 52 Wochen.
Es gibt nun rd. 2+3+7+1 = 13 Wochen Schulferien
(Weihnachten, Ostern, Sommer, Herbst).
Es bleiben also rd. 39 Schulwochen.
Die Feiertage außerhalb der Ferienzeit (1. Mai usw.)
machen rd. eine weitere Woche aus,
so daß etwa 38 Schulwochen bleiben,
und das ergäbe bei wöchentlich 6 Schultagen
38 · 6 = 228, also grob gerechnet 200 Schultage im Jahr.
Wie hoch ist ein 10-stöckiges Hochhaus?
Unser Klassenraum ist rd. 3 m hoch, so hoch dürften auch Büroräume sein.
Wenn nun noch die Decken 1/2 m dick sind, das ist zu hoch gegriffen, dann wäre also ein solches Hochhaus etwa 35 m hoch.

Beispiele zu (2):
37 · 84   Überschlag mit gerundeten Zahlen:
           40 · 80 = 3 200
           Schrankenrechnung: Das Ergebnis ist (mit Sicherheit!) größer als 30 · 80 = 2 400 und kleiner als 40 · 90 = 3 600.
           Bessere Schranken:
           35 · 80 = 2 800 ——— 40 · 85 = 3 400
189 : 37   Überschlag mit gerundeten Zahlen:
           200 : 40 = 5
           Schrankenrechnung: Das Ergebnis ist größer als 160 : 40 = 4 und kleiner als 210 : 30 = 7.
           Bessere Schranken:
           180 : 40 = 4 $\frac{1}{2}$ ——— 210 : 35 = 6
389—174   Überschlag mit gerundeten Zahlen:
           390 — 170 = 220
           Schrankenrechnung:
           380 — 180 = 200 ——— 390 — 170 = 220

Das Näherungsrechnen in dieser hier angedeuteten Art ist eine komplexe Tätigkeit: Es erfordert Alltagswissen, Grundkenntnisse über Zahlen, Fertigkeiten im Rechnen mit kleinen Zahlen, vor allem aber ein Gefühl für die Größe von Zahlen und für ihre Umgebungen. Umgekehrt werden beim Näherungsrechnen diese Dinge intensiv geübt, und die Abschätzung von Größen in Alltagssituationen ist wiederum ein wesentlicher Beitrag zur Anwendungsorientierung. Näherungsrechnen ist kein Kapitel des Arithmetikunterrichts, sondern ein Aspekt, der sich durch alle Schuljahre hindurchziehen muß.

3.3 Division mit Rest

Die KMK-Empfehlung von 1976 sieht als verbindliche Notationsform die Zerlegungsschreibweise vor.

Die Aufgabe 16 : 5 wird demnach umgeformt

in die Aufgabe $16 = 5 \cdot x + y$ (oder: $16 = x \cdot 5 + y$):

Wieviele (Mandarinen) bekommt jeder und wieviele bleiben als Rest übrig, wenn 16 (Mandarinen) an 5 (Kinder) gleichmäßig verteilt werden?

(oder: An wieviele [Kinder] können je 5 [Mandarinen] abgegeben werden und wieviele [Mandarinen] bleiben noch übrig, wenn man 16 [Mandarinen] so aufteilen soll?).

In $16 = 5 \cdot x + y$ wird durch die ausdrückliche Darstellung der beiden Variablen klar, daß die Division mit Rest in der Menge der natürlichen Zahlen eine Verknüpfung ist, bei der je zwei gegebenen Zahlen (hier 16 und 5) zwei gesuchte Zahlen eindeutig zugeordnet werden, Quotient und Rest (hier 3 und 1). Dadurch erhält der Ausdruck 16 : 5 nicht nur einen präzisen Sinn, sondern es gibt auch keinen Verstoß gegen die algebraische Sicht des Gleichheitszeichens: Es ist gleichwertig, ob ich 16 Mandarinen (beliebig geordnet) habe oder 5 Tüten voll mit je 3 Mandarinen und 1 weitere restliche Mandarine. Darüber hinaus wird deutlich, inwiefern die Division die Umkehrung der Multiplikation ist. Bei der schriftlichen Division mit Rest bietet die Zerlegungsform kontrollierende Stützen, während der traditionelle Algorithmus dabei vollkommen erhalten bleibt. Auch der Übergang zur Division ohne Rest mit gebrochenen Zahlen ist problemlos: der Rest wird, soweit es geht oder soweit man will, weiter zerlegt. Z.B. 15 : 7.

In $15 = 7 \cdot 2 + 1$ wird der Rest 1 weiter zerlegt

$15 = 7 \cdot 2 + 7 \cdot 0,1 + 0,3 = 7 \cdot 2,1 + 0,3$ oder noch weiter

$15 = 7 \cdot 2,14 + 0,02$ usf.

Die Schüler brauchten nichts zu vergessen. Kurz: Die Zerlegunsform ist die Notation, die den Sachverhalt am klarsten ausdrückt, mathematisch korrekt ist und am überzeugendsten auf die Zukunft verweist. Sie hat nur einen Nachteil: Der Großteil der Lehrer (und vermutlich auch der Eltern) mag sie nicht, und „deshalb" ist sie für Kinder „zu kompliziert". Die meisten Didaktiker mögen sie auch nicht, sind vielmehr für den Erhalt der traditionellen Restschreibweise (also $16 : 5 = 3\,R\,1$) mit dem vagen Hinweis darauf, daß man doch nicht so puristisch sein solle und daß sich das „Problem" später in nichts auflöse.

Die Mehrheit der befragten Lehrer spricht sich entschieden gegen die traditionelle Restschreibweise aus, vermutlich deshalb, weil diese angeblich gegen die Transitivität und Symmetrie der Gleichheitsrelation verstößt

(tatsächlich ist es so, daß in $16 : 5 = 3\,R\,1$ weder $16 : 5$ noch $3\,R\,1$ eine natürliche Zahl darstellen, also beide keinen Sinn in N_o haben),

und für die Divisionsschreibweise: $16 : 5 = 3 + 1 : 5$, was etwa so gedeutet wird: Sollen 16 (Mandarinen) gleichmäßig an 5 (Kinder) verteilt werden, so erhält jedes (Kind) 3 (Mandarinen) und 1 restliche müßte noch durch 5 geteilt werden.

Oder (als Aufteilungsaufgabe): Sollen 16 (Mandarinen) aufgeteilt werden (in Beutel) zu je 5 (Mandarinen), dann gibt es 3 (volle Beutel) und 1 (Mandarine) bleibt übrig (die den 5. Teil eines Beutels füllen würde).

Diese Bruchschreibweise ist weder in sachlicher noch vor allem in didaktischer Hinsicht unproblematisch. Zur Umorientierung auf die Divisionsschreibweise trägt wohl auch die Tatsache bei, daß die weiterführenden Schulen die Grundschule insofern „im Stich gelassen" haben, als die Zerlegungsform nicht aufgegriffen worden ist.

Nach wie vor sollte jedoch ab der 2. Klasse das Übersetzen von „Malsätzchen" in „Teilsätzchen" und umgekehrt intensiv gepflegt werden (Tauschsätze, Probesätze):

$18 : 3 = 6$ $\qquad\qquad$ $18 = 6 \cdot 3$

$16 : 3 = 5 + 1 : 3$ $\qquad$ $16 = 5 \cdot 3 + 1$

3.4 Elementare Statistik

Neben dem Kennenlernen der „bürgerlichen" Größen (wie Geldbeträgen, Längen, Zeitspannen, Gewichten, Flächen- und Rauminhalten) sollen die Schüler auch mit den einfachsten Prozeduren zum Gewinnen, Darstellen, Aufarbeiten und Ausdeuten von (zufallsbehafteten) Daten vertraut werden. Der Sinn dieser inhaltlichen Innovation besteht allein darin, dem Mathematikunterricht eine noch stärkere umwelterschließende Blickrichtung zu geben. Die elementare Statistik soll in das „bürgerliche" Sachrechnen integriert werden, also nicht ein gesondertes Kapitel in irgendeinem Schuljahr sein. Einige Beispiele mögen genügend Aufschluß darüber geben, wie die elementare Statistik in der Grundschule zu verstehen ist. Im übrigen ist hier noch — wie auf anderen Gebieten auch — Entwicklungsarbeit zu leisten; auch die Schulbücher müßten erheblich überarbeitet werden.

(1) Münzen werfen (1. Kl.):
Wir werfen 10 1-Pf-Münzen in die Luft (so wie Karnevalsprinzen oder Väter bei der Taufe eines Kindes). Wir schauen uns die verstreuten Münzen an, manche liegen mit der Zahl nach oben, manche mit dem Eichenlaub, dem Wappen.
Es kann z.B. so aussehen:

Wir zählen, wie oft „Zahl" und wie oft „Wappen" oben liegt. Wir fertigen eine Strichliste (Zählliste) an:

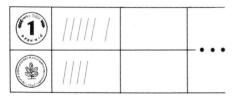

Was hätte auch sein können? Wir wiederholen den Versuch mehrmals und zählen immer wieder aus. Fällt etwas auf? Ja, es sind selten einmal sehr viele Münzen mit derselben Seite oben, häufig sind die Anzahlen „Zahl" und „Wappen" nicht sehr verschieden voneinander. Wir werfen 11, 12, ... Münzen.

(2) Lieblingsgetränk (1./2. Kl.):
Es wird ein Fragebogen an jedes Kind verteilt, der etwa so aussehen kann:

Ich bin ein

Mädchen_____ □
Junge _____ □

Ich trinke am liebsten

Milch _____ □
Kakao_____ □
Limonade _____ □
Apfelsaft_____ □
Tee _____ □
etwas anderes _____ □

Jedes Kind kreuzt an, ob es Mädchen oder Junge ist und welches sein Lieblingsgetränk ist (ein Kreuz). Dann werden die Zettel eingesammelt, gemischt (Anonymität), numeriert und ausgewertet. Eine Liste wie die folgende entsteht:

Nr. des Kindes	Lieblings-Getränk	Mädchen Junge
1	Kakao	Junge
2	Kakao	Junge
3	Milch	Mädchen
4	Apfelsaft	Junge

Dann können viele Fragen gestellt und beantwortet werden: Welches Getränk ist am beliebtesten? Haben Jungen und Mädchen dasselbe Lieblingsgetränk? Wieviele Jungen/Mädchen trinken am liebsten Limonade? usw.

(3) Sonnenschein (2./3. Kl.):
Wir wollen genauer beobachten, wann und wie lange täglich die Sonne in den nächsten 7 (10, 30, . . .) Tagen scheinen wird. Vielleicht können wir das Beobachten aufteilen (Partnerarbeit). Die Beobachtungen zeichnen wir auf ein Beobachtungspapier, das kann z.B. so aussehen:

Datum	SONNENSCHEIN 6 Uhr 12 Uhr 18 Uhr	Stunden
16. Mai		9
17. Mai		13
18. Mai		6
19. Mai		1
20. Mai		4
21. Mai		13
22. Mai		12

Fragen, die sich anbieten: Wie lang schien die Sonne insgesamt in dieser Woche? Wieviele Stunden waren das durchschnittlich pro Tag? (wären es täglich gewesen, wenn sie jeden Tag gleich lang geschienen hätte?) Waren die Nachmittage sonniger als die Vormittage? An welchen Tagesstunden schien sie am liebsten? Wie lange hätte die Sonne an den einzelnen Tagen höchstens scheinen können? (Dazu schauen wir in einem Kalender die Zeitpunkte für Sonnenauf- und -untergang nach).

(4) Omnibusfahrt (3./4. Kl.):

An der Haltestelle Hauptbahnhof fahren die Busse in Richtung Theater in der Zeit von 7 Uhr bis 9 Uhr nach diesem Plan ab:

7.02 Uhr   7.52 Uhr
7.12 Uhr   8.02 Uhr
7.22 Uhr   8.22 Uhr
7.32 Uhr   8.32 Uhr
7.42 Uhr   8.52 Uhr

Wie lange muß man durchschnittlich warten, wenn man auf gut Glück zwischen 7 Uhr und 7.30 Uhr an der Haltestelle eintrifft?
Eine Tabelle bringt Übersicht:

Ankunftszeitpunkt	Wartezeit
7.00 Uhr	2 Min.
7.01 Uhr	1 Min.
7.02 Uhr	0 Min.
7.03 Uhr	9 Min.
7.04 Uhr	8 Min.
.	
.	
.	
7.30 Uhr	2 Min.

Das ergibt eine mögliche Gesamtwartezeit von 128 Minuten für insgesamt 31 Ankunftszeitpunkte, also ist die durchschnittliche Wartezeit 128 : 31 ≈ 4 Minuten. War das zu erwarten? (Die meisten Leute überschätzen die Wartezeiten!). Weitere Fragen: Was ist die durchschnittliche Wartezeit, wenn man auf gut Glück zwischen 7.40 und 7.50 Uhr, zwischen . . . ankommt?

(5) Fertigpackungen (3./4. Kl.):
Auf Yoghurtbechern steht: „Inhalt 250 g". Wie können wir nachprüfen, ob das auch stimmt? Wir können z.B. 1 leeren Becher wiegen und eine Anzahl, z.B. 10, noch gefüllter Becher.

Wir bekommen eine Liste (Stichprobe) von 10 Werten, die zum Weiter-
denken anregt: Wieso ist nicht zu erwarten, daß alle 10 Becher ganz
genau 250 g Inhalt haben? Ist der Durchschnittswert 250 g oder höher
oder niedriger? Wieviele Becher weichen in ihrem Gewicht um mehr als
5 g vom Sollgewicht ab? Welche Fertigpackungen könnten wir auch
so ähnlich überprüfen?

Weitere mögliche statistische Themen sind: Schulweglänge der Kinder,
Alter und Körpergröße der Kinder, Leistungen der Kinder beim Sportfest,
Geburtsmonate der Kinder; Stärke der Schulklassen der Schule, der Stadt;
Anzahl schulfreier Tage in den Kalendermonaten eines Jahres; Anzahl
Körner in einer Weizenähre; Gewicht von Hühnereiern, von Äpfeln einer
Sorte; Niederschlagsmenge an den Tagen eines Zeitraumes; usw.

3.5 Taschenrechner und Computer

Nahezu einhellig und z.T. entrüstet lehnen viele Lehrer den Einsatz von elek-
tronischen Taschenrechnern in der Grundschule ab. Die Hauptsorge ist, daß
durch die Benutzung von Taschenrechnern die Fertigkeiten des mündlichen
und schriftlichen Rechnens verkümmern müßten; die Schüler würden dann
nicht mehr im Kopf haben, daß $7 \cdot 9 = 63$ ist, und nicht mehr fix $936 : 9$ ausrechnen können, vielmehr Sklaven ihres Gerätes werden. Ob diese Befürch-
tung zu Recht besteht, muß auf Grund kontrollierter Versuche eher bezwei-
felt werden, allerdings fehlen bei uns umfassendere Feldversuche. Fest scheint
zu stehen, daß der Taschenrechner bei wohlüberlegtem Einsatz ein Mittel
zur Sensibilisierung für den Umgang mit Zahlen sein kann, für die Ziffern-
darstellung von Zahlen, für die Anordnung von Rechenschritten, für das
Lösen rechenaufwendiger Fragestellungen (z.B.: ist $11\,131$ eine Primzahl?).
Aus diesem Grunde und auch im Hinblick darauf, daß viele Kinder ohnehin
einen Taschenrechner zu Hause benutzen, dies aber ohne begriffliche Einordnung tun, sollte der Taschenrechner nicht einfach administrativ verboten,
sondern ein bedachtsamer und kontrollierter Einsatz empfohlen werden.
Was das Arbeiten mit programmierbaren Computern angeht, wobei Kinder
selbst programmieren, so gibt es bei uns nur punktuelle Erfahrungen mit der
Schildkrötengeometrie in der Programmiersprache LOGO, die in den USA
entwickelt wurde (Papert 1982). Es bleibt kritisch abzuwarten, inwieweit sich
die von den Protagonisten des Computergebrauchs in der Grundschule
behaupteten pädagogischen Fortschritte auch tatsächlich realisieren lassen und
welcher Preis evtl. dafür gezahlt werden muß.

3.6 Schulung der Zeichenfertigkeit

Wichtig ist die Übung grundlegender geometrischer Betätigungen: die Schulung des Sehens, die Pflege der räumlichen Vorstellung und des räumlichen Denkens, das Nachdenken über den Sinn von Formen in der Umwelt und dabei nicht zuletzt das zeichnerische Herstellen von Figuren.
Von der 1. Klasse an sollen die Schüler zum Zeichnen planmäßig angehalten werden, wobei jedoch „Trockenübungen" zu vermeiden sind; vielmehr muß die Schulung der Zeichenfertigkeit mit der Entfaltung von Begriffen, mit der Lösung von Problemen oder mit ästhetischen Erfahrungen gekoppelt sein. Die in den weiterführenden Schulen traditionsgemäß entwickelten sogenannten Grundkonstruktionen mit Zirkel und Lineal dürfen nicht in die Grundschule vorverlegt werden. Die folgende Liste von Beispielen dürfte erkennen lassen, wie Schulung der Zeichenfertigkeit in der Grundschule verstanden werden, und implizit auch, welchen Nutzen sie haben soll.

(1) Färben im Rechenpapiergitter:
 Findet viele, alle Fünflinge. Hier sind einige Fünflinge:

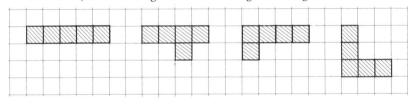

Und wer findet viele Sechslinge?

(2) Ansichten von Gegenständen mit freier Hand zeichnen, z.B.

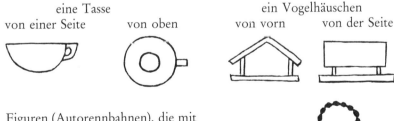

(3) Figuren (Autorennbahnen), die mit einer offenen oder geschlossenen (Gardinenblei-)Schnur gelegt werden, mit freier Hand nachzeichnen, z.B. Findet möglichst alle verschiedenen Figuren mit 2 (3) Kreuzungen.

(4) Gegenstände als Schablone benutzen und so Muster herstellen, z.B. Muster mit einer Münze als Schablone. Färbt mit möglichst wenigen Farben! Aneinandergrenzende Stücke müssen verschiedenfarbig sein. (Es geht mit 2 Farben!)
Benutzt eine Streichholzschachtel, einen Spielwürfel, einen Tortenheber, einen Schraubenschlüssel, ... als Schablone und zeichnet Muster. Färbt nach der Regel.

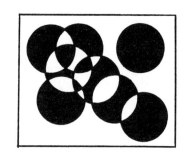

(5) Nehmt ein Lineal (oder eine Buchkante oder eine Faltkante . . .) als Schablone und zeichnet gerade Linien von Rand zu Rand. Es sollen möglichst viele Schnittpunkte entstehen. Wieviele Schnittpunkte kann man höchstens bei 3, 4, 5, ... geraden Linien bekommen? Färbt nach der Regel!

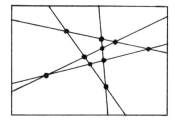

(6) Auf einer kleinen Insel liegt ein kleines Dorf mit nur 8 Straßen. Wie kann das Straßennetz aussehen? Hier sind einige Möglichkeiten:

① 8 Straßen
   5 Ecken
   5 Landstücke

② 8 Straßen
   9 Ecken
   1 Landstück

③ 8 Straßen
   7 Ecken
   3 Landstücke

④ 8 Straßen
   5 Ecken
   5 Landstücke

Findet weitere. Fällt etwas auf an den Zahlen?
Welche Straßennetze wären für Schneeräumer günstig? (Durchlaufbarkeit)

(7) Zeichnet mit einem selbst hergestellten Faltwinkel (die Strecken müssen immer aufeinander passen) Stück für Stück eine Linie; es soll immer eine Vierteldrehung nach rechts gemacht werden. Was fällt an dem Muster auf? (Es gibt nur 2 Richtungen bei den Teilstrecken, also 2 Sorten von Strecken.) Was ist, wenn man nach 4 Vierteldrehungen wieder auf der 1. Strecke ist? (Rechteck oder Quadrat)
Wie kann man eine „eckige Spirale" bekommen? Zeichnet ein anderes Muster, jetzt sollen auch Vierteldrehungen nach links erlaubt sein.

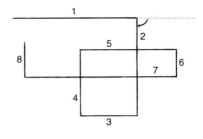

(8) Spiegelschriftspiel:
Auf der (unlinierten) Tafel ist ein gerader Strich gezeichnet, das soll die Spiegellinie sein. Zwei Kinder zeichnen (fast) gleichzeitig, (zuerst) schön langsam. Das eine Kind zeichnet irgendeine Figur, das andere sogleich das Spiegelbild dieser Figur nach Augenmaß und aus freier Hand.

(9) Wie kann man einen Kreis bekommen, indem man nur gerade Linien zeichnet?

(10) Symmetrische Schmuckformen herstellen oder ergänzen, möglichst auch passend färben, z.B. die achtfache Symmetrie des Quadrats herausfinden. (Das dreieckige Grundmuster tritt achtmal auf, dreimal ist es schon gezeichnet.)

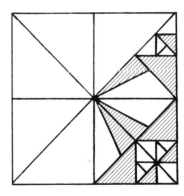

57

4. Kreatives Üben — Das 1 · 1 (2.-4. Klasse)

4.1 Üben und entdecken

Um einem verbreiteten Vorurteil entgegenzutreten, entdeckendes Lernen sei allenfalls für „Einführungen" möglich und sinnvoll, stelle ich ein Beispiel für übenden Unterricht unter der Perspektive des entdeckenden Lernens dar. Es gibt auch heute noch angesichts der Existenz billiger und sehr leistungsfähiger Taschenrechner einen breiten Konsens darüber, daß der Erwerb von Basiswissen und das Erlernen von Grundfertigkeiten unabdingbare Ziele darstellen. Zwar wollen wir heute keine Zeit damit verschwenden, die Kinder für einen Wettstreit gegen die Taschenrechner rüsten zu wollen, was Schnelligkeit und Zuverlässigkeit im Rechnen mit größeren Zahlen angeht (etwa das Dividieren 8-stelliger Zahlen durch 2-stellige); hierin würden die Maschinen immer überlegen sein. Wohl aber erfordert (und fördert umgekehrt auch wieder) der sinnvolle Einsatz von Taschenrechnern klare Vorstellungen von der Größe von Zahlen in Stellenwertdarstellung, Geläufigkeit im Überschlagrechnen und damit sichere Kenntnis der Basisfacts, u.a. des 1 · 1. Durch die Existenz der Taschenrechner wird das Erlernen von Rechenfertigkeiten also nicht überflüssig, wohl aber werden die Akzente anders gesetzt.

Das 1 · 1 gilt sozusagen als der Prototyp grundlegenden Wissens schlechthin. So spricht man von den Grundschlägen (Vorhand, Rückhand, Aufschlag) als dem kleinen 1 · 1 des Tennisspielens oder von einem Basiswortschatz, der gedächtnismäßig voll verfügbar sein muß, beim Erlernen einer Fremdsprache. Der Aufbau sicherer Grundkenntnisse und Grundfertigkeiten ist, allgemein betrachtet, keineswegs eine Alternative zum Konzept oder eine Ergänzung des Konzepts des entdeckenden Lernens, vielmehr ein wesentlicher Bestandteil davon. Entdeckendes Lernen kann sich nur erfolgreich fortentwickeln, wenn dabei Grundkenntnisse und Grundfertigkeiten, die als fertige und beweglich verfügbare Unterprogramme, Schemata oder Muster beim Lösen fortgeschrittener Probleme dienen, eingeübt werden. Auf einer tabula rasa (die es allerdings sowieso nicht gibt) läßt sich nichts entdecken. Man muß daher den Versuchen zur Bildung von vereinfachenden Gegensätzen, wie Aufbau von (gedächtnismäßig verankertem) Wissen contra Kultivierung kritischen und produktiven Denkens, energisch entgegentreten.

Die jüngere psychologische Forschung hat sich wieder eingehender mit dem Phänomen Gedächtnis befaßt. Wie gering und vorläufig auch immer die einschlägigen Forschungsergebnisse sein mögen, einiges scheint unbestreitbar zu sein (Flavell 1979, S. 233 ff):

(1) In jede kognitive Leistung gehen auch Leistungen des Gedächtnisses (Erinnerung an Fakten, Ideen, Prozesse) ein. Es erscheint sogar kaum möglich, Gedächtnis und Wissen zu unterscheiden.

(2) Das Gedächtnis darf man sich nicht zu mechanisch vorstellen; als einen Speicherplatz mit mehr oder weniger zahlreichen Speicherzellen, die mit Informationseinheiten belegt werden (sich merken), und diese Informationseinheiten sind an sich unveränderlich und können mehr oder weniger rasch abgerufen werden (sich erinnern) und auch nach längerer oder kürzerer Zeit auf irgendeine Art verschwinden oder unzugänglich werden (vergessen). Vielmehr ändert sich das gedächtnismäßige Wissen fortlaufend durch Aufnahme neuen Wissens, und umgekehrt hängt die Aufnahme (Speicherung) neuer Information davon ab, was bereits im Gedächtnis vorhanden ist. „Was wir schon im Kopf haben, ist von enormer Wirkung auf das, was wir lernen und behalten." (Flavell, S. 230).

(3) Die Gedächtnisleistungen, die sich auf relevante Inhalte unseres Lebens beziehen, sind konstruktiver Natur, d.h. es werden nicht etwa Wahrnehmungen im Inneren kopiert, „gleichsam ins Gedächtnis gedruckt" (Flavell, S. 233), vielmehr erfolgt eine assimilierende Konstruktion eines „inneren begrifflichen Repräsentanten des input" (S. 233). Das Wahrgenommene wird beschnitten, erweitert, interpretiert, reorganisiert, integriert, umgemodelt. Sich etwas gedächtnismäßig einzuverleiben ist also kein passiver, sondern ein höchst aktiver, ja schöpferischer Akt.

(4) Es gibt gewisse heuristische Strategien der Gedächtnisfunktionen, also des Merkens (Aufnehmens) und Erinnerns (Ausgebens). Für bedeutungsvolle Inhalte erscheint die am weitesten verbreitete Strategie zum Speichern und Abrufen, nämlich die schlichte verbale Wiederholung (rehearsal), nicht sonderlich geeignet. Wirkungsvoller sind wohl Strategien wie das Organisieren des Gedächtnisstoffes (z.B. Klassifizierung der Einzelinhalte) oder Superierung oder das Elaborieren, z.B. das Verbinden zweier Einzelinhalte durch Bezugnahme auf eine für beide bedeutsame Idee, also Anreicherung des Gedächtnisinhalts.

(5) Es erscheint sinnvoll, so etwas wie ein Metagedächtnis aufzubauen, also ein Wissen darüber, wie man sich etwas merken kann und etwas wieder gewinnt, wenn es einem im Augenblick nicht einfällt. Dazu wäre es notwendig, mit den Schülern über Formen des Merkens, Behaltens und Erinnerns auch ausdrücklich zu sprechen.

Gedächtnisleistungen sind offenbar in den vergangenen Jahren der Reformen und der Bildungseuphorie zu pauschal diskreditiert, und der Erwerb beständigen Wissens ist vernachlässigt worden. Zu rasch griff man zur Vokabel des „Wissensballastes", der angeblich das kritische Denken hemmt. Zumindest gab es eine verbreitete Unsicherheit: Soll man Gedichte oder Geschichtszahlen auswendig lernen lassen? Welche Vokabeln einer Fremdsprache müssen wirklich abgespeichert sein? Für wie lange Zeit soll ein Stoff präsent sein, nur bis zur nächsten Klausur? usw.

Heute werden die angeblichen oder auch wirklichen schulischen Mißerfolge als Folgen der Geringschätzung von Gedächtnisleistungen beklagt, etwa der katastrophale Mangel an Allgemeinwissen (Geschichte, Physik, Literatur, . . .) und an Können (Mathematik, Fremdsprachen, . . .) unserer Abiturienten. Andererseits wird — in einem gewissen Gegensatz dazu — beklagt, daß Abiturienten viel Spezielles aber über ein zu eng begrenztes Gebiet, und das auch oft unverstanden und rein gedächtnismäßig, wüßten. Man erkennt hieran die Zwiegesichtigkeit von Gedächtnis und versteht die disparaten Einschätzungen von Gedächtnisleistungen. Die wunderbare Einrichtung des menschlichen Gedächtnisses kann auf sehr unterschiedliche Arten genutzt werden, vom schlichten Einprägen beliebig sinnlosen Materials über niedrige Strategien des rehearsals bis hin zum Aufbau wertvollen Wissens und tauglicher Fertigkeiten durch Weisen des entdeckenden Lernens.

Eine generelle Geringschätzung des Gedächtnisses verbietet sich übrigens auch schon aus allgemein anthropologischen Gründen: Es zeichnet u.a. den Menschen als Menschen aus, sich Vergangenes wieder vorzustellen, Vergangenheit zu wiederholen und damit das Leben zu vervielfältigen. Hierhin gehören auch Probleme von Schuld, Vergebung, Vergangenheitsbewältigung.

Kommen wir nun herunter auf unser vergleichsweise bescheidenes Anliegen, das 1 · 1 einzuüben.

Das Ziel ist dreifacher Art: Wir wollen erstens die Einsicht in die Grundvorstellungen des multiplikativen Rechnens vermehren. Wir gehen also nicht davon aus, daß alle Schüler bereits über die richtigen Konzepte verfügen und daß es jetzt „nur" noch darauf ankäme, das Erkannte gedächtnismäßig zu festigen. Generell sollte jedes Üben im Mathematikunterricht auch sinnerweiternd und einsichtvermehrend sein, nicht zuletzt im Hinblick darauf, daß die Übungsphasen für die leistungsschwächeren oder langsameren Schüler eine remediale Funktion haben.

Wir wollen zweitens das Anwenden üben; das bedeutet: In der Übungsphase soll auch eine Wissensvermehrung stattfinden. Der Kreis der Anwendungsbereiche soll erweitert werden, der Übungsstoff, hier das multiplikative Rechnen mit einstelligen Zahlen, soll mit anderen einschlägigen Begriffsbildungen außerhalb und innerhalb der Mathematik verknüpft werden. Das Üben soll somit transferbegünstigend organisiert sein, und das ist generell für Übungsaktivitäten zu fordern.

Drittens schließlich wollen wir die Geläufigkeit schulen. Der Schüler soll, so wird intendiert, in angemessen kurzer Zeit auf verschiedene einschlägige Reize hin mit zugehörigen Fakten, Ideen oder Verfahren auch gewohnheitsmäßig (also teilweise unbewußt) und sicher reagieren. Dabei soll er davon überzeugt werden, daß von ihm erwartet wird, sich die 1 · 1-Sätze als bleibenden Besitz einzuverleiben, für alle Zeit zu behalten.

Diese dreifache Zielsetzung verbietet es, sich auf eine reine *Wiederholungsmethode* zu beschränken. Sie hat zwar eine lange Geschichte und wird oft als geradezu natürlich eingeschätzt (Repetitio est mater studiorum), und sie mag auch für das Einprägen isolierter Daten (z.B. der Geburtstage oder Telefonnummern meiner Freunde) einen gewissen Wert haben. In Reinkultur besteht sie darin, die zu speichernde Information — vor allem in verbaler Repräsentation — so lange sich ständig gleichbleibend zu wiederholen, bis auf gewisse Schlüsselreize hin die fragliche Information prompt aus dem Gedächtnis abgegriffen und reproduziert wird. Der Lehrer fungiert hier in erster Linie als geduldiger Abfrager (3 · 4 = ?, 5 · 8 = ?, 28 : 7 = ? ...) und Bewerter (richtig, falsch), das Schulbuch bietet massenhafte kleine Reiz-Reaktions-Übungsaufgaben. Damit die Weisheiten nicht (trotzdem!) bald wieder vergessen werden, werden die Wiederholungen wiederholt; das Dogma von der Notwendigkeit des täglichen 10-Minuten-Rechnens war und ist die Konsequenz des rehearsal-Konzeptes.

Allerdings hat man auch schon immer, so lange es planmäßigen Unterricht gibt, nicht nur gemerkt, daß die Wiederholungsmethode ein harter Kampf gegen das Vergessen ist, sondern auch, daß das ständige Wiederholen derselben Wendungen zur tödlichen Langeweile und damit zur restlosen Demotivierung führen kann. „Das Einmaleins ist mir bis auf diese Stunde nicht geläufig", Grillparzer (Selbstbiographie). In der Tat gibt es kaum etwas Öderes als den Ritus des Abfragens. Der Lehrer sagt „7 · 8". Einige Kinder heben die Hand. Der Lehrer sagt ein bißchen vorwurfsvoll: „Das wissen aber noch mehr Kinder." Tatsächlich gehen einige weitere Finger hoch, evtl. auch wieder einige runter usw. Die Forderung wurde deshalb (schon bei den Rechenmeistern) erhoben, das wiederholende Üben nach Möglichkeit interessant zu gestalten, das reine Abfragen etwa durch spielerische Formen aufzulockern. Hierzu gehören u.a. Reime („6 · 6 ist 36, ist der Lehrer noch so fleißig, . . .", „3 · 3 ist neune, ihr wißt ja, wie ich's meine."), das Wettrechnen in der Klasse und der Einsatz von Material, etwa der folgenden Art: Verschieden geformte Aufgabenkarten (aus Plastik oder harter Pappe) müssen passend auf eine Unterlage mit den Lösungszahlen geheftet werden. Die Selbstkontrolle (!) besteht im Aufgehen des Puzzles. Gelegentlich beobachtet man auch die folgende Abwechslung: Nicht der Lehrer fragt ab, sondern die Schüler tun es. A fragt B. Weiß B die Antwort, darf B einen Schüler C fragen, ansonsten darf A weiterfragen usf. Man kann diese und andere Auflockerungen des Wiederholungsübens durchaus gedächtnispsychologisch rechtfertigen. Die Reime z.B. beruhen auf der hinreichend abgesicherten Tatsache, daß rhythmisch strukturiertes Material leichter gemerkt und besser behalten wird als „Prosatexte", auch wenn rein quantitativ eine (redundante) Vermehrung stattfindet. Wettkampfspiele appellieren an den Trieb zur Selbstdarstellung, vielleicht sogar an den Machttrieb.

Das genannte Stillbeschäftigungsmaterial entlastet das Kind in etwa vom Zeitdruck, schützt vor Bloßstellungen in der Klasse und gibt ihm die Chance, etwas mit den Händen zu tun.

Daher möchte ich die Bemühungen um Auflockerung der Wiederholungsmethode nicht pauschal verurteilen oder gar lächerlich machen. Aber es muß ganz eindringlich hervorgehoben werden, daß das Erlernen des 1 · 1, auch in seiner Einprägephase, etwas anderes ist als etwa das Auswendiglernen von Telefonnummern oder gar das Lernen von Sprachfetzen, wie es Papageien fertigbringen, daß die Strategie des rehearsal prinzipiell unangemessen ist, ihr lediglich eine eingeschränkte Restfunktion zukommt. Was wir viel stärker brauchen als die mehr oder weniger sachfremden Kaschierungen oder Verzierungen der Wiederholungsmethode, sind Formen des *kreativen Übens* im Dienste der genannten Zielvorstellungen.

Im folgenden sollen einige Möglichkeiten unterrichtsnah dargestellt werden, von denen erwartet werden kann, die Einsicht zu fördern, Transfer zu erleichtern, Wissen und Fertigkeiten besser zu incorporieren. Aber selbstverständlich biete ich keine Rezepte an, die Erfolge unter allen Umständen garantieren.

4.2. Übungsformen zum 1 · 1

Rechtecke

Wir breiten vor den Schülern das folgende Material aus:
55 Rechtecke (bzw. Quadrate) aus Sperrholz oder starker Pappe mit den Seitenlängen 5 cm · 5 cm bis 50 cm · 50 cm (als Klassensatz; für die Einzelarbeit entsprechend kleinere Maße), so daß alle Sätze des kleinen 1 · 1 durch Rechtecke repräsentiert sind. Auf der Vorderseite sind die Rechtecke in Einheitsquadrate (5 cm · 5 cm) gerastert, auf der Rückseite nicht.
Beispiel:

	Vorderseite	Rückseite
3 · 6		
6 · 3		

Es ist klar, daß ein solches Material fundamental ist, da es unmittelbar die Multiplikation repräsentiert: 3 · 6 bedeutet 3 Reihen (Gruppen, Streifen, . . .) von je 6 Kästchen (Quadraten, Stücken, . . .), also 6+6+6 = 18 Kästchen. Gleichzeitig haben wir eine relevante Anwendung der Multiplikation: die Flächeninhaltsbestimmung von Rechtecken.

Die Schüler sollen mit diesem Material nun wirklich handeln: befassen, anfassen, umfassen, überstreichen, nebeneinanderlegen, sortieren, usw. Für das entdeckende Lernen ist es generell wichtig, nicht nur den Verstand anzusprechen, sondern auch Gefühl und Sinne. In der Grundschule ist die leibliche Betätigung auch im Mathematikunterricht geradezu unabdingbar.

Das Material dürfte im hohen Maße von sich aus zu Aktivitäten anregen. Ich deute einige denkbare Möglichkeiten an:

(a) Das Material liegt ausgebreitet vor den Schülern mit der Rückseite nach oben. Wer findet das 5 · 4-Rechteck, das 7 · 3-Rechteck, das . . .? (Anstelle von Rechteck, Quadrat kann man auch von Feld oder Pflaster oder ähnlichem reden). Wer findet ein Rechteck mit 24 (60, 54, . . .) Kästchen?

(b) Einem Kind werden die Augen verbunden. Man gibt ihm ein Rechteck. Es soll durch Erfühlen herausbekommen, um welches Rechteck es sich handelt. Umgekehrt: Das Kind soll mit verbundenen Augen das 5 · 3-Rechteck aus einem Haufen herausfinden.

(c) Den Schülern wird ein Rechteck mit der Rückseite gezeigt, sie sollen die zugehörigen Sätze aufschreiben, etwa:

5 · 4 = 20, 4 · 5 = 20, 20 : 5 = 4, 20 : 4 = 5.

Dann wird das Rechteck gewendet, es kann handgreiflich kontrolliert werden.

(d) Es wird eine Zahl genannt (oder aufgeschrieben), z.B. 65. Wie können wir sie mit unseren Rechtecken legen?

6 · 10+5 · 1, oder 5 · 10+5 · 3, oder 7 · 8+3 · 3, oder . . .?

Wie können wir 65 mit 3 Rechtecken legen? — Was wäre zu tun, wenn wir 65 nur mit einem Rechteck legen wollten? Wie könnten wir 65 legen, wenn wir nur quadratische Rechtecke nehmen dürften?

(e) Jetzt sollen nur die Rechtecke mit Siebenerstreifen, also

1 · 7, 2 · 7, . . ., 10 · 7 mitspielen.

Wir üben damit die Siebenerreihe. Welche Zahlen können wir mit unseren Rechtecken legen?

7, 14, 21, . . ., 70.

Welche aber auch noch?

77 = 70+7 = 11 · 7,
84, 91, 98, 105, . . ., 140,

wenn wir 2 Rechtecke benutzen, und wenn wir 3 (4, . . .) Rechtecke benutzen? Was fällt auf? Setzen wir Siebener-Rechtecke zusammen, so entsteht immer wieder ein Siebenerrechteck. —

Was tun wir, wenn wir das $7 \cdot 7$-Rechteck verloren haben, aber noch 49 legen wollen? Wir legen zwei passend zusammen, z.B.

$2 \cdot 7 + 3 \cdot 7$, oder $1 \cdot 7 + 4 \cdot 7$.

Und wie könnten wir 63 durch 2 Rechtecke legen? — 60 z.B. können wir mit unseren Siebener-Rechtecken nicht legen. 60 ist nicht ohne Rest durch 7 teilbar; wenn wir 60 durch 7 teilen wollen (60 Kästchen in Siebener-streifen aufteilen, soweit es geht) bleibt ein Rest von 4 (Kästchen). Wir nehmen den Streifen

$4 \cdot 1 = 4$ dazu und legen 60 als $8 \cdot 7 + 4$.

Welche anderen Zahlen können wir jetzt auch noch legen?

$1 \cdot 7 + 4 = 11$, $2 \cdot 7 + 4 = 18$, $\ldots$, $10 \cdot 7 + 4 = 74$, $\ldots$. —

Aber wir können nicht 20 legen. Was ist zu tun? — Wie setzen wir fort, um alle Zahlen (bis 100) legen zu können?

(f) Jetzt sollen nur Rechtecke mit Sechserstreifen und Rechtecke mit Fünfer-streifen zugelassen sein. Was kann man damit alles legen? Z.B.

$6 \cdot 6 + 3 \cdot 5 = 51$, oder $43 = 3 \cdot 6 + 5 \cdot 5$.

Fällt etwas auf?

Diese wenigen Hinweise sollen genügen. Aus der Situation heraus ergeben sich, wenn der Lehrer selbst genügend sensibel ist und die Schüler sensibi-lieren kann, zahllose weitere Aktivitäten. Wichtig ist, daß immer wieder im Vollzug des praktischen Handelns Entdeckungen gemacht werden können: In (a) z.B., daß es Zahlen gibt, die sich auf vielfache Weise als ein Rechteck legen lassen (wie 24), und solche, die sich nur als ein Streifenrech-eck legen lassen (wie 7 oder 13). Es ergeben sich von hier aus weitere Frage-stellungen, z.B.: Sucht alle Zahlen bis 100, die 8 Teiler haben. Sucht alle Zahlen bis 100, die sich nur als Streifenrechtecke darstellen lassen. Sucht alle Zahlen bis 100, die sich sogar als Quadrate legen lassen. Wir haben einen erlebbaren Zugang zu den Begriffen Primzahl und Quadratzahl. — In (e) haben wir u.a. Erfahrungen zum Distributivgesetz, z.B. in

$9 \cdot 7 = 7 \cdot 7 + 2 \cdot 7$,

und zur Division mit Rest.

Selbstverständlich kann dieses Material auch für das „große" $1 \cdot 1$ benutzt werden.

Eindringlich möchte ich darauf hinweisen, daß dieses und auch das weiter unten erwähnte Material Aktivitäten ganz unterschiedlichen mentalen Anspruchs erlaubt, vom schlichten wahrnehmungsmäßigen Identifizieren (Hole uns doch das $7 \cdot 8$-Rechteck.) bis hin zur Lösung komplexerer Pro-bleme (Wähle irgendwelche Zahlen unter 100. Versuche, sie nur durch Quadrate zu legen, und zwar durch möglichst wenige Quadrate; es dürfen aber auch gleiche Quadrate sein. Kannst du etwas vermuten über die Anzahl der benötigten Quadrate? — Man braucht immer höchstens 4). Dieser Differenzierungsaspekt ist dem entdeckenden Lernen inhärent.

Parketts (oder Puzzles)

Das Material der Rechtecke ist zwar gut geeignet zur Repräsentation des Multiplikationsbegriffs, aber es erlaubt wenige Erfahrungen zum Verständnis der Ergebniszahlen, die ja im Dezimalsystem dargestellt sind.
Was hat z.B. 21, also 2 Z+1 E, zu tun mit 3 · 7?
Um in diesen Aspekt mehr Einsicht zu ermöglichen, können wir folgendes Material aus steifer Pappe oder Sperrholz herstellen und anbieten: Bausteine für die einzelnen Reihen, zurechtgestutzt für das Dezimalsystem, z.B. die Siebenerreihe:

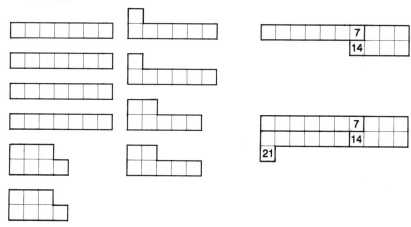

Die Bausteine mögen auf einer Seite Quadratraster haben. Das Material kann vorgefertigt angeboten oder aber auch — vielleicht teilweise — mit den Schülern hergestellt werden.

(a) Wir setzen sukzessive die Siebenersteine zusammen:
Zuerst ein Siebenerstein, 1 · 7 = 7; der zweite Siebenerstein muß ein 3+4-Stein sein, denn es fehlen 3 bis zum ersten vollen Zehner. Wir können (etwa) schreiben:
2 · 7 = 7+7 = 7+3+4 = 14
Bis 20 fehlen nun 6, wir setzen daher einen 6+1-Stein als Siebenerstein an und schreiben:
3 · 7 = 14+7 = 14+6+1 = 21
Wir setzen fort bis 10 · 7. — Wir reißen alles wieder ein und bauen neu auf und sprechen dazu. Dann bauen wir Stück für Stück wieder ab. — Wir betrachten das ganze Parkett.

65

Parkett der Siebenerreihe:
Fällt etwas auf? Ja, es ist ein schönes Muster, ein schönes Parkett. Kann man es genauer sagen? Betrachtet es von allen Seiten. Wenn wir es halb herumdrehen, sieht es genau so aus wie vorher (Erfahrung zur Punktsymmetrie). — Wir können Partner entdecken: 7/63, 14/56, 21/49, 28/42, 35/35.
Es ist

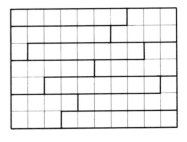

$9 \cdot 7 = 70 - 7 = 63,$
$8 \cdot 7 = 70 - 2 \cdot 7$
$ = 70 - 14$
$ = 56, \ldots$

(b) Wir stellen uns Material zu anderen Reihen her, z.B. zur Achterreihe, und legen Parketts.

Parkett der Achterreihe:
Das Parkett der Achterreihe ist einfacher und übersichtlicher, deshalb kann man sich die Sätze der Achterreihe auch leichter merken. — Wir beobachten 2 Teile, zuerst bis 40, dann bis 80.

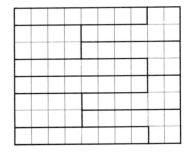

Der zweite Teil ist sehr ähnlich dem ersten Teil:

$1 \cdot 8 = \underline{8} \rightarrow 6 \cdot 8 = \underline{48}$
$2 \cdot 8 = \underline{16} \rightarrow 7 \cdot 8 = \underline{56}$
$3 \cdot 8 = \underline{24} \rightarrow 8 \cdot 8 = \underline{64}$
$4 \cdot 8 = \underline{32} \rightarrow 9 \cdot 8 = \underline{72}$
$5 \cdot 8 = \underline{40} \rightarrow 10 \cdot 8 = \underline{80}$

jeweils um 40 größer!

Für das Parkett der Achterreihe brauchen wir keine 3-5-Steine und keine 1-7-Steine. Wie kommt das? —
Welche Reihen haben die allereinfachsten Parketts? (die Einer-, Zweier-, Fünfer- und Zehnerreihe) Wie kommt das? — Wir vergleichen Stück für Stück die Siebenerreihe mit der Achterreihe in den Parketts und schreiben auf:

```
1 · 7 = 7    →   1 · 8 =  8         8 ist 1 mehr als  7
2 · 7 = 14   →   2 · 8 = 16        16 ist 2 mehr als 14
3 · 7 = 21   →   3 · 8 = 24        24 ist 3 mehr als 21
4 · 7 = 28   →   4 · 8 = 32        32 ist 4 mehr als 28
5 · 7 = 35   →   5 · 8 = 40        40 ist 5 mehr als 35
6 · 7 = 42   →   6 · 8 = 48        48 ist 6 mehr als 42
7 · 7 = 49   →   7 · 8 = 56        56 ist 7 mehr als 49,
                                    also ist 56 = 8 · 7
```

Punktmuster

Das Standardmaterial ist eine Realisation eines Quadratgitters, etwa das Geobrett mit (geschlossenen) Gummifäden als enaktive und eine (Kühnelsche) 100er-Tafel mit (transparenten, farbigen) Abdeckblättern als eher ikonische Realisierung.
Ich deute einige Möglichkeiten für die Punkttafel an, die jedem Kind in mehreren Exemplaren zur Verfügung stehen muß.

(a) Mit Hilfe der Abdeckblätter lassen sich auf ebenso einfache wie suggestive Weise die multiplikativen Zusammenhänge als Punktfelder darstellen, z.B. 4 · 6 = 24.

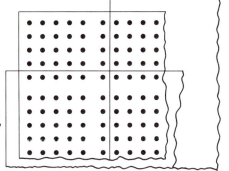

Was könnte das Feld bedeuten?
4 Reihen mit je 6 Fichten,
24 Fichten.
4 Ketten mit je 6 Perlen,
24 Perlen.
4 Drähte mit je 6 Spatzen darauf,
24 Spatzen.
Findet weitere Beispiele.

Wir können das ganze drehen, dann sehen wir dasselbe Feld mit 6 Reihen zu je 4 Punkten, also 6 · 4 = 24.
Wir bauen systematisch die Sechserreihe auf und ab, indem wir das untere Abdeckblatt auf und ab schieben und das rechte festhalten. — Wir üben systematisch die Sechserreihe: einstellen, mit den Augen erfassen, Zahlengleichung hinschreiben. — Dasselbe mit anderen Reihen.

(b) Wir suchen zu gegebenen Zahlen Felder,
 zur 8 finden wir das 1 · 8-, 2 · 4-, 4 · 2- und 8 · 1-Feld.
Wir schreiben auf und
 8 = 1 · 8 8 : 2 = 4,
   = 2 · 4 8 : 4 = 2 usw.
   = 4 · 2
   = 8 · 1

Welche Felder gibt es zu 10, 12, 15, 17, . . ., wenn unsere Punkttafel genügend groß wäre? — Zu welchen Zahlen gibt es nur 2 Streifenfelder (Primzahlen), zu welchen Zahlen besonders viele Felder?

(c) Wir lösen Teilungsaufgaben — evtl. mit Rest — an der Punkttafel, da benötigen wir manchmal ein drittes Abdeckblatt, z.B. 61 : 8, d.h. es sollen 61 Punkte auf 8 Reihen gleichmäßig verteilt werden. Wieviel sind in jeder Reihe? Wir können mit Hilfe von 2 Abdeckblättern systematisch aufbauen:
 8 : 8 = 1, 16 : 8 = 2, 24 : 8 = 3, . . . , 56 : 8 = 7, 64 : 8 = 8
 8 = 8 · 1, 16 = 8 · 2, 24 = 8 · 3, . . . , 56 = 8 · 7, 64 = 8 · 8
Wir sehen, daß wir 61 Punkte nicht restlos und gleichmäßig auf 8 Reihen verteilen können. Aber wir verteilen, so weit es geht, und halten den Rest fest: in jeder Reihe stehen 7 Punkte, und es bleiben 5 Punkte übrig.
Wir schreiben 61 : 8 geht nicht ohne Rest
 oder 61 = 8 · 7+5
 oder (61 — 5) : 8 = 7
 oder 61 : 8 = 7+5 : 8

Und so sieht es auf
unserer Punkttafel aus:

61 : 8
61 = 8 · 7+5
61 : 8 = 7+5 : 8

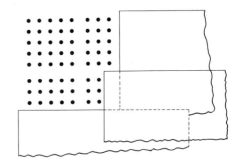

Beschreibt unser Ergebnis:
61 läßt sich nicht restlos durch 8 teilen. Wenn wir aber Reste zulassen, so ist 61 durch 8 teilbar, es gibt 7 mit dem Rest 5.

Wenn sich 61 Sportler in 8 Riegen gleichmäßig aufstellen sollen, so können in jeder Riege 7 Personen sein, und 5 Personen bleiben übrig, bilden eine Restriege. So etwas machen wir mit vielen anderen Beispielen.

(d) Jetzt benutzen wir eine Punkttafel, in die wir hineinmalen dürfen (oder wir benutzen eine abwaschbare Schreibfolie, die wir auf die Punkttafel legen und auf die wir schreiben können). Wir machen jetzt Figuren zu 1 · 1-Sätzen. Findet eine schöne Figur zu 3 · 7. Das kann so aussehen:

Wie können wir hier gut sehen, daß das Ergebnis 21 sein muß? Es fehlen an 30 ja 3 · 3 = 9, also ist 3 · 7 = 30 − 9 = 21.

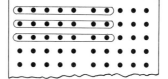

Es kann aber auch so aussehen. Jetzt sehen wir auf andere Art, daß das Ergebnis 21 sein muß.

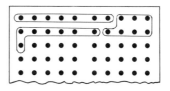

Wir beobachten ein Punktfeld und entdecken Sätze, indem wir es durch Striche unterteilen, z.B. das 6 · 7-Feld:

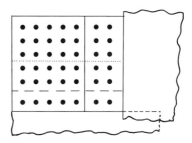

Wir können vieles beobachten und aufschreiben:
6 · 7 = 7+7+7+7+7+7 = 42
(umdrehen)
7 · 6 = 6+6+6+6+6+6+6 = 42
(durchgezogene Linie)
6 · 7 = 6 · 5 + 6 · 2 = 30+12 = 42
(gestrichelte Linie)
6 · 7 = 5 · 7 + 1 · 7 = 35+7 = 42
(punktierte Linie)
6 · 7 = 3 · 7 + 3 · 7 = 2 · 3 · 7 = 2 · 21 = 42
Wer findet noch mehr?
Wir untersuchen andere Felder auf ähnliche Art.

(e) Wir teilen zeichnerisch an der Punkttafel, z.B. 46 : 6, 46 Punkte (Apfelsinen) sollen in Sechsergruppen (Sechsernetze) zerlegt (verpackt) werden. Geht es ohne Rest auf? Wenn nicht, wieviele Sechsergruppen (Netze) gibt es und wieviele Punkte (Apfelsinen) bleiben übrig?

46 : 6
Wir finden:
46 = 7 · 6+4
46 : 6 = 7+4 : 6
Wir können 7 Netze zu je 6 füllen, und es bleiben 4 Apfelsinen übrig. Und wenn es 60, (53, . . .) Apfelsinen sind, die in die 6er (7er, . . .) Netze zu verpacken sind?
Erfindet selbst Beispiele und löst sie mit der Punkttafel.

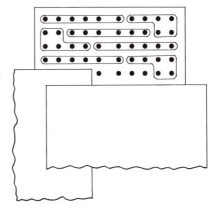

(f) Wir entdecken einen interessanten Sachverhalt. — Wir wollen Stück für Stück Quadratfelder aufbauen.
Wir können so beginnen:

$$\begin{aligned} 1 &= 1 \cdot 1 \\ 1+3 \quad (&= 4) = 2 \cdot 2 \\ 1+3+5 \quad (&= 9) = 3 \cdot 3 \\ 1+3+5+7 (&= 16) = 4 \cdot 4 \end{aligned}$$

Wie geht es weiter?
Wer kann das erläutern,
was hier geschieht?

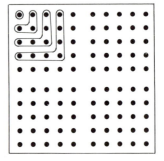

Wie können wir weiter gehen von 10 · 10 = 100 zu 11 · 11?
Es kommen dazu 10 unten, 10 rechts, 1 rechts unten, also
11 · 11 = 100+21 = 121.
Rechnet auf andere Art nach.

Mit diesen wenigen Hinweisen ist bei weitem nicht das erschöpft, was mit Punktmustern möglich ist. Bereits im klassischen Griechenland wurde figurale Arithmetik betrieben, im ganzheitlichen Rechnen (Joh. Wittmann, Karaschewski) sind Punktmuster (Kringelmuster) das entscheidende Anschauungs- und Arbeitsmaterial. Dort findet man viele weitere Anregungen, allerdings auch einige Abstrusitäten.

Cuisenaire-Stäbe

Ihr Einsatz ermöglicht weitere praktische Erfahrungen, insbesondere auch zur Gleichheitsrelation als Äquivalenzrelation.

(a) Einem Kind werden die Augen verbunden. Es erhält eine Menge gleichlanger Stäbe in die Hand, z.B. 4 rotbraune. Es soll durch Fühlen herausfinden, um welche Stäbe es sich handelt, und dann sagen, was es hat, hier z.B. „4 Achterstäbe, ich habe 4 · 8 = 32". — Einem Kind werden die Augen verbunden. Es soll aus einem Haufen von Stäben 5 · 6 herausfinden und das Ergebnis nennen, oder es soll eine Zahl, z.B. 20, durch gleichlange Stäbe herausfühlen, was zu unterschiedlichen Lösungen führen kann.
Ich möchte wiederholen: Die Aktivitäten „mit Anfassen" sind enorm wichtig.

(b) Mit Hilfe der Stäbe können 1 · 1-Sätze als Felder (Parketts, also 2-dimensional) oder aber in Reihen (also eindimensional) repräsentiert werden. Beides ist wichtig. Hier eine Anregung zur Reihendarstellung.

Wir legen 4 · 8 :

8	8	8	8
10	10	10	2

4 Achterstäbe aneinandergereiht sind so lang wie 3 Zehnerstäbe und ein Zweierstab hintereinander.
4 · 8 = 32.
Wir beobachten genau im einzelnen:
1 · 8 = 8, das ist 2 weniger als 10.
Zeige die 2.
2 · 8 = 16, das ist 6 mehr als 10 und 4 weniger als 20.
Siehst du das? Zeige es.
3 · 8 = 24, das ist 4 mehr als 20 und 6 weniger als 30.
Zeige es. Schließlich ist
4 · 8 = 32, das ist 2 mehr als 30 und 8 weniger als 40.
Wie können wir durch Umtauschen der Zehner zeigen, daß 32 4 · 8 ist?
Für jeden 10er-Stab legen wir einen 8er und einen 2er. Dann haben wir insgesamt drei Achter und vier Zweier, und diese vier Zweier kann man umtauschen in einen vierten Achter. —

Was erhalten wir, wenn wir jeden Achter gegen 2 Vierer austauschen?
$$32 = 8 \cdot 4.$$
Und was, wenn wir jeden Achter durch 4 Zweier ersetzen?
$$32 = 16 \cdot 2.$$

$$32 = 4 \cdot 8 = 8 \cdot 4 = 16 \cdot 2$$

Wenn wir beim Malnehmen die eine Zahl verdoppeln und die andere halbieren, bekommen wir dasselbe Ergebnis (ändert sich nichts am Wert). Legt und beschreibt dazu weitere Beispiele mit den Stäben.
Wie können wir mit den Stäben schwierige Teilungsaufgaben lösen, z.B. 39 : 7?
Wir legen 3 Zehnerstäbe und 1 Neunerstab. Dann messen wir daneben mit Siebenerstäben ab. Es bleibt ein Stück übrig. Wir bekommen:
$$39 = 7 \cdot 5 + 4$$
oder
$$39 : 7 = 5 + 4 : 7.$$

(c) Wir finden Verwandtschaften zwischen den Reihen. Ins Auge fallen — was sich auch in den Farben in etwa spiegelt — die Verdoppelungsverwandtschaft der Zweier-, Vierer und Achterreihe:

2	4	6	8	10	12	14	16	18	20	22	24	26	28	30	32
2	2	2	2	2	2	2	2	2	2	2	2	2	2	2	2
4		4		4		4		4		4		4		4	
8				8				8				8			

Diese Verwandtschaft kann und muß auf verschiedene Arten ausgedrückt und auch ausdrücklich als Merk- und Erinnerungshilfe thematisiert werden, etwa:
$$1 \cdot 8 = 2 \cdot 4 = 4 \cdot 2$$
$$2 \cdot 8 = 4 \cdot 4 = 8 \cdot 2$$
$$3 \cdot 8 = 6 \cdot 4 = 12 \cdot 2$$

$$7 \cdot 8 = 14 \cdot 4 = 28 \cdot 2 = 56$$

Ein Vierer ist halb so groß wie ein Achter. Für dieselbe Zahl braucht man daher doppelt soviel Vierer wie Achter.

5 · 8 = 40
5 · 4 = 20
5 · 2 = 10
7 · 8 = 56
7 · 4 = 28
7 · 2 = 14

Wenn ich 7 · 8 rechnen soll, kann ich zuerst
7 · 2 = 14 rechnen, das ist leicht.
Davon das doppelte ist 7 · 4 = 28,
und davon das Doppelte ist 7 · 8 = 56.
6 · 4 ist die Hälfte von 6 · 8 = 48, also 6 · 4 = 24;
6 · 4 ist das Doppelte von 6 · 2 = 12, also 6 · 4 = 24.
Die 1 · 1-Sätze der 4 bekomme ich leicht aus der Zweierreihe, nämlich durch
Verdoppeln. Und aus der Viererreihe bekomme ich durch Verdoppeln die
Achterreihe, usw.
Findet nun andere Verdoppelungs-Verwandtschaft, legt dazu Stabstraßen und
schreibt Sätze und Satzreihen auf:
Fünfer-/Zehnerreihe, Dreier-/Sechserreihe
Die böse Siebenerreihe ist nicht Verdoppelungsreihe von einer anderen. Aber
sie ist vielleicht auf andere Art mit anderen Reihen verwandt. Besonders leicht
ist die Fünferreihe. Vergleicht die Siebener-mit der Fünferreihe; legt dazu eine
Doppelstraße, beobachtet und schreibt auf:

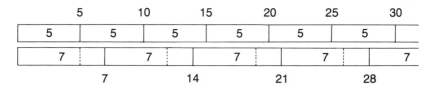

Ein Siebenerstab ist um 2 länger als ein Fünferstab. 2 Siebenerstäbe sind um
2 · 2 länger als 2 Fünferstäbe. . . .
1 · 7 = 1 · 5 + 1 · 2 = 7
2 · 7 = 2 · 5 + 2 · 2 = 10+4 = 14
3 · 7 = 3 · 5 + 3 · 2 = 15+6 = 21
8 · 7 kann ich mir jetzt leicht auch so merken: 8 · 5 + 8 · 2 = 40+16 = 56.
Und wie sieht eine Verwandtschaft zwischen Siebener- und Zehnerreihe aus?
Was haben Dreier- und Neunerreihe miteinander zu tun?
Wieder können uns die Stäbe helfen.

Rechengeld

Der Einsatz von Rechengeld ist an zahlreichen Stellen geradezu unverzichtbar. Jedes Kind soll damit ausgestattet sein (Pappgeld gibt es z.B. bei den Sparkassen), auch gibt es im Handel Rechengeld für den Tageslichtprojektor. Ich skizziere nur eine mögliche Übung.
„Es gibt heute T-Shirts im Angebot des Supermarkts, das Stück zu 7 DM. Man könnte das ausnutzen und auf Vorrat kaufen."
Wir legen T-Shirts (Muster aus Papier z.B.) in einer Reihe aus und zu jedem T-Shirt seinen Preis von 7 DM.

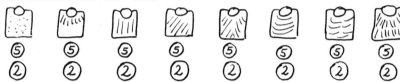

Jetzt können wir viele Verkaufsgeschichten erzählen: Wenn der Verkäufer 4 T-Shirts verkauft, so bekommt er
4 · 7 DM = 4 · 5 DM + 4 · 2 DM = 28 DM.
Wenn .... — Der Verkäufer hat heute morgen nur solche T-Shirts verkauft. Was könnte er eingenommen haben?
Es ist klar, wie hier die Verwandtschaft zwischen Fünfer- und Siebenerreihe, also das Distributivgesetz in der Sonderform
□ · 7 = □ · 5 + □ · 2,
geradezu handgreiflich in einer Alltagssituation verkörpert ist. Die Schüler sollten nicht nur zu praktischen Verkaufsspielen und zu entsprechenden Aufschrieben (Ware-Preis-Tabelle) angeregt werden, man sollte auch vorsichtig versuchen, zu algebraischen Formen vorzustoßen, etwa zur Gleichung
$a \cdot 7 = a \cdot 5 + a \cdot 2$,
was auch umgangssprachlich etwa so gesagt werden mag: Wenn ich 7 vervielfachen soll, so kann ich 5 vervielfachen und 2 vervielfachen und diese beiden Ergebnisse zusammenzählen. Oder: Zahl mal 7 ist dasselbe wie Zahl mal 5 plus Zahl mal 2.
Darüber hinaus haben wir eine proportionale Funktion, die wir hier vor allem an der Wertetabelle studieren:

Anzahl T-Shirts	0	1	2	3	4	5	6	7	8	9	10	11
Preis in DM	0	7	14	21	28	35	42	49	56	63	70	77

Was ist zu beobachten?
  Für 1 Stück mehr, 7 DM mehr;
  für 2 Stück mehr, 14 DM mehr;

für doppelt so viel Stücke, doppelt soviel Geld, z.B.
für 3 Stück 21 DM,
für 6 Stück 42 DM usw.
Variationen: Wenn jedes T-Shirt 6 DM, 8 DM, ... kosten würde. — Wenn es zwei Sorten nach dem Preis gäbe.

Rhythmisches Zählen

(a) Wir zählen leise im Chor vorwärts 1, 2, 3, **4**, 5, ... Bei jeder Zahl der Viererreihe, bei jedem Vielfachen von 4, rufen wir die Zahl ganz laut aus, und springen einmal kurz auf. — Jetzt fangen wir bei 53 an zu zählen. — Jetzt zählen wir von 70 an rückwärts. — Dasselbe Zählspiel zu einer anderen $1 \cdot 1$-Reihe.

(b) Wir zählen jetzt ganz, ganz leise und bewegen uns noch dazu, vielleicht so:

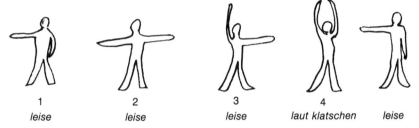

1	2	3	4	
leise	leise	leise	laut klatschen	leise

Oder habt ihr andere Vorschläge zum Zählen in der Viererreihe?
Mehr Spaß macht es, wenn wir schnell zählen.
Bei welchen Zahlen klatschen wir? 4, 8, 12, ...
Bei welchen Zahlen heben wir den rechten Arm? 1, 5, 9, ...
Jetzt nenne ich Zahlen und ihr macht die passende Bewegung,
z.B. 26: beide Arme seitwärts hoch.
Wir erfinden Bewegungs- und Zählspiele zu anderen Reihen.

(c) Jemand zählt langsam. Er fängt irgendwo an und zählt vorwärts oder rückwärts. Wir passen genau auf; wenn eine durch 6 teilbare Zahl kommt, heben wir einmal rasch und kurz die rechte Hand. — Es werden jetzt Zahlen ungeordnet ausgerufen. — Es wird gezählt, und wir heben die rechte Hand bei einer Sechserzahl, die linke Hand bei einer Siebenerzahl. Jetzt müssen wir sehr gut aufpassen. Was machen wir, wenn 42 genannt wird? — Es wird (z.B. von 1 an) gezählt. Bei einer Zweierzahl (geraden Zahl) heben wir die rechte, bei einer Dreierzahl die linke Hand. — Dasselbe mit Vierer- und Sechserzahlen, mit Dreier- und Sechserzahlen. usw. — Schlagt selbst neue Zählspiele zum $1 \cdot 1$ vor!

1 · 1-Tafeln

●	1	2	3	4	5	6	7	8	9	10
1	1	2	3	4	5	6	7	8	9	10
2	2	4	6	8	10	12	14	16	18	20
3	3	6	9	12	15	18	21	24	27	30
4	4	8	12	16	20	24	28	32	36	40
5	5	10	15	20	25	30	35	40	45	50
6	6	12	18	24	30	36	42	48	54	60
7	7	14	21	28	35	42	49	56	63	70
8	8	16	24	32	40	48	56	64	72	80
9	9	18	27	36	45	54	63	72	81	90
10	10	20	30	40	50	60	70	80	90	100

(a) Die Schüler haben diese 1 · 1-Tafel angefertigt. Wir schauen sie uns an. Was können wir entdecken? Z.B.:

Jede 1 · 1-Reihe steht zweimal da, einmal als Zeile und einmal als Spalte. — Die Zahlen im linken unteren Dreieck wiederholen sich spiegelbildlich im rechten oberen Dreieck. 9 · 4 = 36 liegt spiegelbildlich zu 4 · 9 = 36. Sucht andere Beispiele. Wie kommt das? (Vertauschungsgesetz) —

Auf der Schräglinie stehen lauter Quadratzahlen. Stehen nur dort Quadratzahlen? Nein, z.B. 16 steht auch noch woanders. Aber es gibt auch Quadratzahlen, die nur auf der Schräglinie stehen (und in der 1. Zeile und 1. Spalte). —

Wo können wir Primzahlen erwarten? —

Manche Zahlen treten oft auf, manche selten. Wie oft kommt 24 vor, wenn wir die Tafel erweitern? 8 mal, nämlich 1 · 24, 2 · 12, 3 · 8, 4 · 6, 6 · 4, 8 · 3, 12 · 2, 24 · 1. Wir färben die Zellen mit 24 rot. Seht ihr ein Muster für die gefärbten Zellen? —

Dasselbe mit anderen Zahlen. —

Welche Zahlen kommen genau dreimal vor? Z.B. 9 in 9 · 1, 1 · 9 und 3 · 3, oder 25 oder 49, ... Was für eine Sorte von Zahlen ist das? —

Wieviele verschiedene Zahlen stehen überhaupt in unserer obigen Tafel? — Wir decken die Tafel zu. Hier sind zwei beschriebene Zellen aus unserer Tafel. Kannst du die anderen Zellen ausfüllen und die zugehörigen Sätze sagen?

42		
49		

oder

30		
35		

oder . . .

●	1	2	3	4	5	6	7	8	9	10
1										
2		4	6	8	10	12	14	16	18	
3			9	12	15	18	21	24	27	
4				16	20	24	28	32	36	
5					25	30	35	40	45	
6						36	42	48	54	
7							49	56	63	
8								64	72	
9									81	
10										

(b) Wir überlegen uns, welche 1 · 1-Sätze wir uns unbedingt merken müssen. Die ganz leichten Ergebnisse, die man ohne zu rechnen sowieso weiß, streichen wir aus. Was können wir auch noch streichen? Macht Vorschläge. Es mag die nebenstehende Resttafel stehen bleiben, da sind nur noch 36 Zahlen. —
Vielleicht können wir noch mehr streichen. Jeder streicht, was er jetzt schon ganz sicher auswendig weiß, vielleicht die Zahlen der Zweier- und der Fünferreihe, vielleicht noch weitere. —
Wie kann man sich die restlichen schwierigen leichter merken? —
Vielleicht hast du ein „Angstsätzchen", manche Kinder haben z.B. Schwierigkeiten mit 9 · 6 (9 · 6 = 45 oder 9 · 6 = 56). Wie können wir den Kindern helfen? Vielleicht so: 45 muß auf jeden Fall falsch sein, weil 45 ungerade ist und in der 6er-Reihe nur gerade Zahlen vorkommen. 45 muß auf jeden Fall falsch sein; 45 ist zu klein, denn 8 · 6 ist ja schon 48. 9 · 6 ist nur 1 · 6 weniger als 60, 9 · 6 muß jedenfalls größer als 50 sein. Ein Kind meint vielleicht gar nicht 45, sondern 54, es verwechselt nur Zehner und Einer. Wie können wir da helfen? —
56 muß falsch sein, es liegt zu nah an 60 = 10 · 6. 9 · 6 muß weniger als 60 sein. 56 muß falsch sein, denn 6 Einer haben nur die Zahlen 6, 36, 66, 96 der Sechserreihe, usw.
Jedenfalls ist es wichtig, mit den Schülern — möglichst individuell — Schwierigkeiten beim Merken zu thematisieren und Hilfen anzubieten, jedoch möglichst nicht Eselsbrücken sondern Merkhilfen durch Elaboration, d.h. durch Herausarbeiten von Zusammenhängen.

(c) 1 · 1-Tafeln eignen sich auch vorzüglich zum Aufdecken von Verwandtschaften zwischen den Reihen.
Vergleicht z.B. die Fünfer- mit der Sechserreihe. Wer die Fünferreihe kann, kann bald auch die Sechserreihe.

```
 5     10    15    20    25    30    35    40    45    50
↓ +1↓  +2↓  +3↓  +4↓  +5↓  +6↓  +7↓  +8↓  +9↓  +10
 6     12    18    24    30    36    42    48    54    60
```

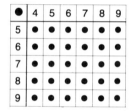

$7 \cdot 6 = 7 \cdot 5 + 7$
$8 \cdot 6 = 8 \cdot 5 + 8$ ...

$\Box \cdot 6 = \Box \cdot 5 + \Box$

Macht dasselbe mit anderen Nachbarreihen.

(d) Mit 1 · 1-Tafeln können wir auch ein richtiges Partnerspiel machen, z.B. so:

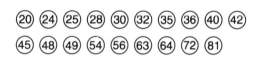

A (rote Steine) spielt gegen B (blaue Steine). A beginne. Er sagt 6 · 6 = 36 und besetzt je mit einem roten Stein das Feld in der Tafel und das Ergebnisfeld. Jetzt ist B dran. Er sagt 9 · 4 = 36, besetzt das Feld in der Tafel mit einem blauen Stein und wirft den roten Stein im Ergebnisfeld 36 heraus, um seinen an diese Stelle zu setzen, usw. Gewonnen hat, wer am Ende die meisten Ergebnisfelder besetzt hat. Wie spielt man geschickt?

(e) Natürlich kann man mit 1 · 1-Tafeln noch viel mehr anfangen, etwa Gleichungen und Ungleichungen lösen. Z.B. gibt der Lehrer als Anstoß $\Box \cdot \blacksquare = 42$. Findet viele Beispiele aus der Tafel. Wer findet alle Lösungen (wenn wir uns die Tafel vergrößert denken!). Oder $\Box \cdot \blacksquare < 30$. Wer findet alle Lösungen in der Tafel? Was fällt dabei auf? usw.

(f) Die vollständige 1 · 1-Tafel der Folgen 1 bis 10 kann auch zu tiefergehenden Entdeckungen mit anspruchsvolleren Inhalten Anlaß geben. Es könnte z.B. beobachtet werden, daß, je weiter man nach rechts und unten fortschreitet, die Zahlen nicht nur größer werden, sondern auch ihre Abstände voneinander wachsen, daß aber stets „neben" einer Quadratzahl auf der Diagonalen auch ihr Vorgänger steht, z.B.

Wie kommt das?

Ein Bild, das wir umwandeln, kann uns da helfen, etwa so:

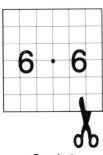 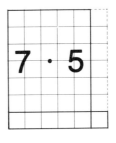

Quadrat   Rechteck

Wir schneiden (wirklich oder in Gedanken) den rechten Streifen ab und versuchen, ihn unten anzusetzen. Dann ist er aber ein Kästchen zu groß; er paßt nicht. Schneiden wir das überstehende Kästchen ab, so haben wir ein Rechteck, das um 1 Kästchen kleiner ist als das Quadrat. Das Rechteck ist nun eine Reihe länger und eine Spalte küzer als das Quadrat. So entsteht aus dem 6 · 6-Quadrat das 7 · 5-Rechteck. Wir haben eine neue schöne Nachbarschaft entdeckt:

1 · 3 = 3	2 · 2 = 4
2 · 4 = 8	3 · 3 = 9
3 · 5 = 15	4 · 4 = 16
4 · 6 = 24	5 · 5 = 25
5 · 7 = 35	6 · 6 = 36
6 · 8 = 48	7 · 7 = 49
7 · 9 = 63	8 · 8 = 64
8 · 10 = 80	9 · 9 = 81

(g) Nachdem nun schon einmal die Quadratzahlen im Mittelpunkt des Interesses stehen, liegt eine weitere Entdeckung nicht fern. Der Lehrer fordert die Schüler auf, sich die Zahlen eines Quadrates in der Tafel anzuschauen, etwa dieses.
Fällt etwas auf? —
Spielt einmal mit den Zahlen herum!

•	1	2	3
1	1	2	3
2	2	4	6
3	3	6	9

Der Rückgriff auf ein passendes Punktbild ist entdeckungsfördernd:

In jeder der 6 Reihen stehen 6 Punkte,
es sind also
6 · 6 = 36 Punkte.
Die Summe der 9 Zahlen
1+2+3+2+4+6+3+6+9
ist also eine Quadratzahl, hier
6 · 6 = (1+2+3) · (1+2+3).

Das muß ja dann auf andere quadratische Felder dieser Art aus unserer Tafel ebenfalls zutreffen. Prüft alle nach!

Und noch eine Entdeckung! Seht euch diese „Winkel" an, z.B. diesen:
Fällt Euch etwas auf an den Zahlen? Beobachtet die Zahlen im Punktbild!

•			3
			3
			6
3	3	6	9

Man kann das Winkelmuster zu einer schönen einfachen Gestalt umformen..., zu einem Würfel.

Das sind 3 · 3 · 3 = 27 Punkte.
Die Summe der Zahlen
in diesem Winkel ist
3+6+9+6+3 = 3 · 3 · 3,
eine „Würfel-Zahl" (Kubikzahl).

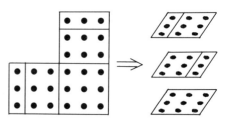

Ist das bei den anderen Streifen auch so? Prüft alle nach!

Die beiden letzten Entdeckungen kann man später zu einer großen Entdeckung zusammenfassen:
Die Summe der ersten n Kubikzahlen ist das Quadrat der Summe der ersten n Zahlen. Das ist in dieser Form freilich nicht mehr etwas für Grundschüler.

$1^3 = 1$
$1^3 + 2^3 = (1+2)^2 = 3^2 = 9$
$1^3 + 2^3 + 3^3 = (1+2+3)^2 = 6^2 = 36$
$1^3 + 2^3 + 3^3 + 4^3 = (1+2+3+4)^2 = 10^2 = 100$

•	1	2	3	4
1	•	• •	• • •	• • • •
2	• •	• • • •	• • • • • •	• • • • • • • •
3	• • •	• • • • • •	• • • • • • • • •	• • • • • • • • • • • •
4	• • • •	• • • • • • • •	• • • • • • • • • • • •	• • • • • • • • • • • • • • • •

Teilerbilder (Hassediagramme)

(a) Seht euch das Bild an. Was fällt an den Zahlen auf? Wie geht das wohl weiter?

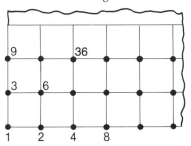

Entdeckung: ein Schritt nach rechts bedeutet mal 2, ein Schritt nach oben bedeutet mal 3.
Setzt das Bild fort, soweit ihr wollt oder könnt. Aber es muß immer ein Rechteck sein. (Die Schüler haben Formblätter zur Hand.) Welche Zahlen bis 100 kommen in dem Bild vor? Welches ist die größte Zahl unter 100, die vorkommt? Wir betrachten ein Stück, z.B. das Stück bis 72.

Wir laufen durch das Bild von 1 bis 72 und schreiben die passenden Sätze auf, z.B.:

1 · 3 = 3,
3 · 2 = 6,
6 · 2 = 12,
12 · 3 = 36,
36 · 2 = 72

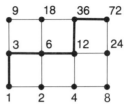

oder

1 · 3 · 2 · 2 · 3 · 2 = 72

Findet andere Wege und schreibt die Sätze auf.
Wieviele solcher Wege gibt es? Sucht sie geschickt!
Wir gehen auch Rückwege, z.B.

72 : 3 = 24,
24 : 3 = 8,
8 : 2 = 4,
4 : 2 = 2,
2 : 2 = 1

(b) Eine neue Anregung:
Sucht jetzt alle Möglichkeiten für

□ · ■ = 72,

z.B.: 8 · 9 = 72,
3 · 24 = 72, ...

Beobachtet Ihr dabei etwas im Bild? . . . Ja, die beiden Zahlen liegen sich immer gegenüber. Könnt ihr euch das erklären?
8 = 2 · 2 · 2 und 9 = 3 · 3 liegen sich auf Ecken jedenfalls einander gegenüber. Wenn wir nun 2 statt 8 nehmen, also den 4. Teil von 8, dann müssen wir statt 9 36 nehmen, das vierfache von 9.
Von 8 gehen wir zwei Schritte nach links zur 2, von 9 gehen wir 2 Schritte nach rechts zur 36. 2 und 36 liegen sich dann wieder einander gegenüber.
Alle 12 Zahlen des Bildes haben etwas Gemeinsames! . . . Sie haben alle etwas mit 72 zu tun! . . . Es sind alle die Zahlen, durch die 72 teilbar ist, es sind die Teiler von 72. Wir können unser Bild „Teilerbild von 72" nennen.

(c) Findet andere Teilerbilder.

Teilerbild von 16   Teilerbild von 6   Teilerbild von 18

In allen diesen Teilerbildern spielen die 2 oder die 3 oder auch beide eine Rolle! — Es sind Zahlen, die aus 2 oder 3 (oder beiden) zusammengesetzt sind. Das können wir auch hinschreiben, z.B. für das Teilerbild von 36.

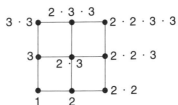

Alle diese Zahlen außer der 1 sind aus 2 oder 3 oder beiden zusammengesetzt, 2 und 3 sind die Bausteine, es sind *Primzahlen*.

Wir können auch andere Bausteine (Primzahlen) nehmen, z.B. 2 und 5, oder 3 und 5 oder 5 und 7 oder . . . .
Zeichnet Teilerbilder von irgendwelchen Zahlen unter 100.

(d) Wählt irgendeine Zahl, z.B. 45, und denkt und malt, bis ihr auf 1 kommt. Auf jeden Fall müssen wir jetzt teilen. Aber durch welche Zahl?

Vielleicht fangen wir so an: 45 : 5 = 9

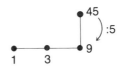

Hier geht es nicht weiter herunter, denn 9 läßt sich nicht durch 5 teilen. Jetzt kann man leicht fertig werden.

Hätte man auch anders auf die 1 kommen können?

83

(e) Gibt es Auffälligkeiten unter den Teilerbildern?
Ja, z.B. haben die Primzahlen ein ganz einfaches Teilerbild.
(2 Ecken)

Andere Zahlen haben auch nur einen Strich als Teilerbild (nur einen Baustein) aber mehr als 2 Ecken.

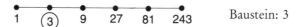   Baustein: 3

Wieder andere haben ein rechteckiges Netz als Teilerbild (2 Bausteine).

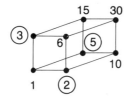   Bausteine: 3, 5

Und zu 30, gibt es da überhaupt ein Teilerbild? Überlegt, aus welchen Bausteinen 30 zusammengesetzt ist? — Aus 3 Bausteinen, aus 2, 3 und 5.
Es gibt jetzt ein komplizierteres Teilerbild:

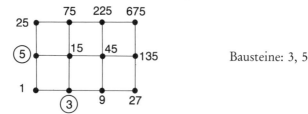   Bausteine: 2, 3, 5

Gibt es noch andere Zahlen unter 100, die aus 3 Bausteinen bestehen, die also ein so kompliziertes Teilerbild haben? Ja, z.B. 42. Zeichnet das Bild zu 42 und sucht nach weiteren Zahlen.

Jetzt geht es umgekehrt: Wer findet alle Zahlen unter 200 mit diesem Teilerbild oder jenem?

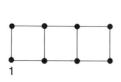

Fassen wir — rückblickend auf die vorgeschlagenen Aktivitäten — zusammen, wodurch sich allgemein kreatives Üben auszeichnet:

— Angebot von Material, das herausfordert zum Tun (zum Zusammensetzen und Trennen, zum Drehen und Wenden, zum Umbauen, zum Malen und Zeichnen, . . .)

— Angebot inhaltlich unterschiedlicher Phänomene und Materialien und Provokation unterschiedlicher Tätigkeiten

— Anregung zum Beobachten, Beschreiben, Fragen, Untersuchen, Entdecken; Entwickeln von offenen Fragestellungen, von Problemen, die auf Vorwissen rekurrieren

— Sicherung eines breiten Spektrums hinsichtlich des mentalen Anspruchsniveaus und der (fach)sprachlichen Formulierung (Differenzierung)

— Betonung anwendungsbezogener Übungen aber auch Angebot innermathematisch-bestimmter (strategischer) Spiele;

— Vorrang von wissenserweiternden und problemorientierten Aktivitäten vor reinen Wiederholungsübungen; gleichartige Übungen unter übergeordneten Fragestellungen

— Herausarbeiten von Gesetzmäßigkeiten, Mustern, Rhythmen zur Strukturierung des Wissens und zur besseren Merkfähigkeit

— Erarbeitung von inhaltsbezogenen (semantischen) Merk- und Erinnerungsstützen (und weniger von Eselsbrücken), Elaborierung

— Individuelle Beratung einzelner Schüler in Fragen der Gedächtnisleistungen

— Bewußtmachen der Notwendigkeit und des Umfangs gedächtnismäßig sicher verfügbaren Wissens

— Ermunterung zum selbsttätigen und freiwilligen Üben.

5. Zwei Beispiele zum entdeckenden Lernen

5.1. Die Gauss-Aufgabe als Mittelwertaufgabe

Carl Friedrich Gauß

Bekanntlich soll Carl Friedrich Gauss (1777-1855), der unbestrittene Fürst der Mathematiker, als Drittkläßler die Aufgabe, die Zahlen 1 bis 100 zu addieren, spontan (ohne einschlägige Lernbeeinflussung) auf elegant-mathematische Art gelöst haben (Bell, S. 233). Spätestens seit M. Wertheimers Buch über produktives Denken gehört diese Gauss-Aufgabe zu den Problemen, an denen man auf besonders einprägsame Weise einen Problemlösevorgang als Umstrukturierungsprozeß studieren kann. (Offenbar ist sie aber nicht Gemeingut der Lehrer, denn alle Kinder in unseren Versuchsklassen in Aachen und Marburg kannten sie nicht!)

Die Aufgabe und Strategien zu ihrer Lösung

Wie groß ist $1+2+3+4+\ldots+96+97+98+99+100$?
Das ist die Summe aller Zahlen von 1 bis 100.
An die wichtigsten Lösungsstrategien sei hier kurz erinnert:

1. Strategie:
Geschickte Zusammenfassung zu „leichten" sich aufdrängenden Teilsummen aus Paaren.

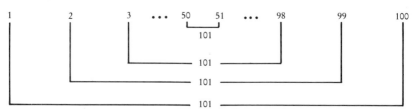

Es gibt 50 Paare je vom Summenwert 101, also ist 50 · 101 = 5050 das Resultat. Variante, die am häufigsten von den Kindern spontan gewählt wurde:

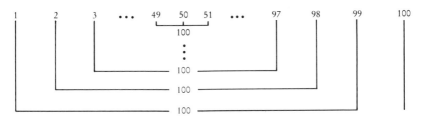

Es gibt 49 Paare je vom Summenwert 100, dazu muß noch 50+100 addiert werden, also 49 · 100 + 150 = 5050.

2. Strategie:
Punktsymmetrische Ergänzung der Situation
```
 1   2   3  ... 49  50  51  52 ... 97  98  99  100
 :   :   :      :   :   :   :      :   :   :   :
100  99  98     52  51  50  49      4   3   2   1
```
Die doppelte Summe besteht aus 100 Paaren je vom Summenwert 101, also ist die gesuchte Summe
(100 · 101) : 2 = 5050

3. Strategie:
Umstellung der Zahlenreihe in ein Zahlenfeld gemäß der dezimalen Gliederung der Zahlen:
```
 1  2  3  4  5  6  7  8  9  10     55
11 12 13 14 15 16 17 18 19  20     55+ 100
21 ...                      30     55+ 200
31                          40      ·
41                          50      ·
51                          60      ·
61                          70      ·
71                          80      ·
81                          90     55+ 800
91 ...                     100     55+ 900
                                  550+4500 = 5050
```
Variante: dasselbe Schema spaltenweise aufarbeiten.

4. Strategie
Einebnen aller Zahlen auf ihren Mittelwert. Die mittlere der ersten 99 Zahlen ist 50. Zu jeder kleinen Zahl (unter 50) gibt es eine große (über 50), so daß sich beide zu 50 ausgleichen lassen, die 100 zerfällt in 2 · 50.

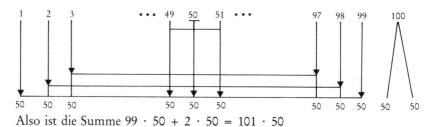

Also ist die Summe 99 · 50 + 2 · 50 = 101 · 50

Variante 1: Hinzunahme der 0 als 101. Zahl

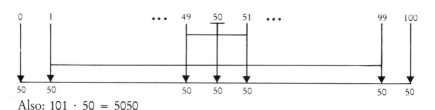

Also: 101 · 50 = 5050

Variante 2: Einebnen auf den Mittelwert 50 $\frac{1}{2}$ der 100 Zahlen

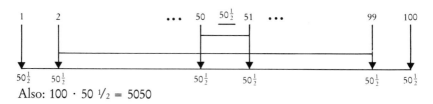

Also: 100 · 50 $\frac{1}{2}$ = 5050

Wie man sieht, besteht jede Strategie darin, die ursprüngliche Situation (die 100 regelmäßig aufsteigenden Summanden) so umzugestalten, daß sich in der neuen (besseren) Situation ein wesentlich einfacherer (multiplikativer) Rechenweg anbietet. Wie aber kommt ein Schüler auf die Idee einer fruchtbaren Umgestaltung, einer Umstrukturierung? Es hat sich gezeigt, daß durch entsprechende Förderung auch durchschnittliche Schüler zu Umstrukturierungsleistungen befähigt werden können, daß wir also nicht auf die Geistesblitze der Hochbegabten angewiesen sind.

Der didaktische Wert der Aufgabe

Eine Aufgabe ist um so wertvoller, je mehr sie nachweislich den engeren oder weiteren Zielen des Mathematikunterrichts direkt oder indirekt dient.
Die Gauss-Aufgabe ist — bei entsprechender unterrichtlicher Entwicklung — ausgesprochen hochwertig, was die folgenden Stichwörter andeuten mögen.
(1) Problemorientierte Rechenübung, wobei viele Variationen ausgeschöpft werden können
  — Veränderung in der Länge: Zahlen von 1 bis 50, von 1 bis 300, ...
  — Veränderung des Anfangs: Zahlen von 4 bis 30, von 17 bis 104, ...
  — Veränderung des Abstandes zwischen den Zahlen: $19+24+29+34+39, ...$
  — Verwendung als Rechenvorteil: $38+40+43 = 3 \cdot 40 + 1$
  — Verwendung als Überschlag: $345+379+410+450 \rightarrow 4 \cdot 400 = 1600$
(2) Wissensvermehrung über Zahlen, z.B.: Jede Quadratzahl ist eine Summe aus aufeinanderfolgenden ungeraden Zahlen. Die Summe von zwei Zahlen ist immer das Doppelte ihrer Mitte. Die Summe von aufeinanderfolgenden Zahlen ergibt nie 2, 4, 8, 16, 32 usw.
(3) Vertiefung der Einsicht in den Zusammenhang von Addition und Multiplikation
(4) Verknüpfung mit allgemeineren mathematischen Begriffen: Mittelwert (arithm. Mittel), lineare Folgen und Reihen
(5) Anwendung und Verkörperung in außermathematischen Situationen, z.B. Anzahl der Sitze in einem Amphitheater, Weglänge bei gleichmäßig beschleunigten Bewegungen
(6) Einübung von Heurismen, z.B. Umwandlungen von einer Treppe in eine (rechteckige) Wand, Zerlegung einer Aufgabe in Teilaufgaben.
Die Punkte (1) und (6) halte ich für die wichtigsten.

Unterrichtsversuche mit der Gauss-Aufgabe

In 2 Gymnasialklassen in Marburg (5. und 6. Klasse) und in einer 4. Grundschulklasse in Aachen wurde die Gauss-Aufgabe unterrichtet, in Aachen im Rahmen eines fachdidaktischen Praktikums, worüber hier einige Eindrücke wiedergegeben werden.
Als Einstiegsimpuls wählten wir ein Bild des marmornen Königsthrons des Aachener Domes, das die Schüler sofort richtig einordneten. Sie kannten dieses geschichtlich bedeutsame Ausstattungsstück des Domes aus eigener Anschauung (Unterrichtsgang) und wußten darüber zu berichten. (Eine Verbindung des Unterrichts mit Gegebenheiten des Lebensraumes der Kinder kann kaum überschätzt werden.)

600 Jahre lang haben die Könige des Deutschen Reiches nach ihrer Wahl und Krönung diesen „Erzstuhl des ganzen Reiches" bestiegen, von dem aus sie alles sahen und von allen gesehen wurden.

Königsstuhl in Aachen

Die Kinder arbeiteten sehr schön die Bedeutung der *Treppe* als Mittel der Erhöhung heraus und fanden — nach einer entsprechenden Anregung — weitere Beispiele: Stufen zum Altar, Stufen zur Kanzel, Siegerpodest, Treppe zum Olympischen Feuer, Stufen zum Lehrerpult (früher). Nina faßte zusammen: „Immer, wenn jemand höher stehen soll als alle anderen, brauchen wir eine Treppe zum Aufsteigen". Auf die profane Bedeutung von Treppen als Mittel zur Überwindung von Höhenunterschieden kamen wir noch zu sprechen, von dort aus auch auf Leitern, Taue und Schiefe Ebenen als alternative Mittel, Höhendifferenzen zu überwinden.

Das Thema Treppe erwies sich jedenfalls als sehr ergiebig, so daß der Vorschlag an die Schüler, mit Hilfe von Würfeln selbst Treppen zu bauen, freudig aufgegriffen wurde. Als Material hatten wir 100 gleichgroße Holzwürfel mit einen Kantenlänge von 4 cm. Zuerst baute ein Kind natürlich die 6-stufige Treppe zum Königsthron.

Auf den Anstoß „Seht ihr ein Muster?" meinte Jochen: „Ich sehe sogar dreimal dasselbe Muster: waagrecht, senkrecht und diagonal (!) 6, 5, 4, 3, 2, 1."

Und er zeigte an der Treppe, die von allen eingesehen werden konnte, wie er es meinte. Ein weiterer Anstoß „Ich kann dazu eine Rechenaufgabe stellen!" führte zum Tafeltext: Wieviele Würfel braucht man für die Sechsertreppe?

$1 + 2 + 3 + 4 + 5 + 6$

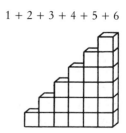

Die Schüler rechneten das (additiv) aus. Einige weitere Treppen wurden gebaut und die Anzahl der Würfel bestimmt. Dann kam die große Herausforderung (Tafeltext): „Wieviele Würfel würde man für eine solche Hundertertreppe brauchen?" Zunächst wurden spontan Vermutungen geäußert: „Bestimmt 100", „Tausende", „So viele Würfel haben wir gar nicht", und dann wurde mit Hilfe des Lehrers die „Plus"-Aufgabe so an der Tafel notiert:
1+2+3+ ... +49+50+51+ ... +97+98+99+100
Dann überließen wir die Schüler völlig sich selbst.

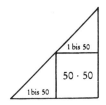

Die Mehrzahl der Kinder ging daran, die Zahlen schriftlich zu addieren. Da nicht alle Zahlen sofort aus Platzmangel untereinander geschrieben werden konnten, gingen diese Kinder abschnittweise vor. Dabei entdeckten zwei Mädchen, daß man eigentlich nur die Zahlen bis 50 zu addieren braucht und daß die zweiten 50 Zahlen „dieselbe Summe und noch 50 mal 50 dazu" ergeben müßte. Offenbar hatten sie die Treppe in dieser Strukturierung gesehen.

Heike, die wohl ebenfalls die Dreiecksgestalt vor Augen hatte, meinte, es müßte die Hälfte von 100 · 100 herauskommen. Sie hatte aber große Schwierigkeiten, dieses Produkt zu bestimmen — große Zahlen waren für das Kind noch etwas Undurchsichtiges —, und sie wurde aufgefordert, ihren Vorschlag an kleinen Treppen zu überprüfen.

Die meisten „Addierer" kamen während der Stunde, die auch bald zu Ende ging, nicht zu einem Ergebnis, wollten aber unbedingt die Aufgabe vollständig lösen und setzten ihre intensive Arbeit in die Pause hinein fort.
Drei Kinder fanden unabhängig voneinander (innerhalb weniger Minuten) eine Lösung über Paarbildung und Multiplizieren.
Jochen hatte dieses auf seinem Blatt stehen und triumphierte.

	100	
1	99	100
2	98	100
3	97	100
4	96	100
5		
6		
.		
.		
.		
47	53	100
48	52	100
49	51	100
50		

```
49 · 100 = 4900
         +  150
            5050
```

Die beiden anderen Kinder begannen zunächst mit der Addition, brachen sie aber ab und kamen dann auf die Idee der Paarbildung (gemäß der o.g. Variante der Strategie 1).
Betty und einige weitere Kinder waren auf dem Weg zu einer Multiplikationsstrategie, sie bildeten Kolonnen passender Paare, etwa so:

1	19	21	39
2	18	22	38
3	17		
4	16		o.ä.
5	15		
6	14		
7	13		
8	12		
9	11		
10	20		

Es schien uns wichtig, daß die Kinder sich zunächst einmal selbständig mit einer solch großen Herausforderung auseinandersetzen sollten.
In der zweiten Stunde sollte die Mittelwertstrategie erarbeitet werden. Es wurde zu Anfang eine Neuner-Treppe mit Würfeln aufgebaut und dazu die Additionsaufgabe notiert.
Der Anstoß seitens der Studentin „Wie können wir die Treppe umbauen, damit man besser sieht, wieviele Würfel sie hat?" wurde aufgegriffen, aus der Treppe spontan eine Wand hergestellt und die passende Malaufgabe gerechnet.

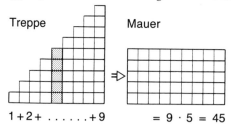

Treppe   Mauer

1 + 2 + ... + 9   = 9 · 5 = 45

Die Kinder vermochten die Umwandlung recht gut zu beschreiben: „Alles muß eine Höhe haben". „Wir müssen alle Stufen gleich hoch machen; so hoch wie die mittlere Stufe." „Wir nehmen die oberen Würfel weg und bauen sie unten an." usw. An weiteren Beispielen mit ungerader Treppenzahl, die alle auch zeichnerisch bearbeitet (Übung im Umgang mit Geodreieck!) wurden, wie hier die 17er-Treppe, versuchte die Studentin, die Strategie immer wieder bewußt zu machen und schließlich auch als Merksatz an die Tafel zu schreiben: „Wir finden die Anzahl der Würfel so: Anzahl der Stufen mal Anzahl der Würfel in der mittleren Stufe."

Ein Schüler schlug die Kurzform
„Stufen mal Mitte" vor.

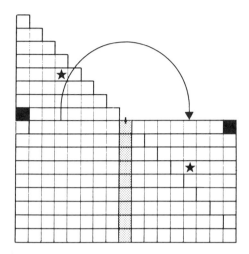

Leider wurde es versäumt, den Umwandlungsprozeß auch auf der symbolischen Ebene parallel mitzuverfolgen, etwa so,

```
1 + 2 + 3 + 4 + 5 + 6 + 7 + 8 + 9 + 10 + 11 + 12 + 13 + 14 + 15 + 16 + 17
↓ +8            ↓ +2 ↓         ↓ —2                      ↓ —8
9 + 9 + 9 + 9 + 9 + 9 + 9 + 9 + 9 + 9+  9+  9+  9+  9+  9+  9+  9
              = 17 · 9
```

um eine möglichst enge Verbindung zwischen Handeln (mit Würfeln), Zeichnen, Sprechen und Rechnen herzustellen.
Ebenfalls wurde die Gelegenheit verpaßt, den Symmetrieaspekt hervorzukehren.
Dann erfolgte die neue Herausforderung: die Stufenzahl ist gerade. Obwohl seitens der Studentin nicht genügend deutlich herausgearbeitet wurde, daß jetzt unsere Merkregel zunächst einmal versagt, weil wir gar keine mittlere Stufe haben, verstanden viele Kinder durchaus das Problem. Aus der Klasse kamen am Beispiel der Achter-Treppe spontan die folgenden beiden Vorschläge: zuerst die 7er-Treppe nach der Mittelwertregel berechnen, dann noch die Würfel der 8. Stufe anfügen, also 7 · 4 + 8 = 36. Und: Alles auf die mittlere Stufe 4,5 („vier Komma fünf"!) bringen. Der zweite Vorschlag hat uns sehr überrascht, vor allem deshalb, weil die beiden Jungens, die ihn machten und erläuterten, nicht von Halben sprachen sondern von „Komma 5".

Jedenfalls konnten sie ihre Überlegung an der Zeichnung vollständig klar darstellen und die Aufgabe 8 · 4,5 vorrechnen. Die Studentin griff diesen Vorschlag aber nicht auf, obwohl er den Merksatz gerettet hätte, verallgemeinerungsfähiger gewesen wäre (z.B. für Aufgaben wie 20+21+22+23) und eine schöne Vorerfahrung zu Brüchen (Halben) gewesen wäre. Stattdessen wurde der erste Vorschlag ausgebaut. Auf die Frage, wie man aus der Aufgabe 1+ . . . +8 *eine richtige* Malaufgabe machen könne, meinte Friedrich, das sei 9 · 4, denn es wäre ja 36 = 9 · 4. Er konnte aber die 9 nicht in der Zeichnung aufweisen, sein Vorschlag war gestützt auf einen Zufallserfolg.

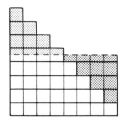 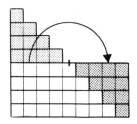

Daß sich die 9 · 4 tatsächlich aus der Situation ergibt, wurde dann schließlich doch gefunden und mit starker Hilfe so entwickelt:
$$1+2+3+4+5+6+7+8$$
$$= 7 \cdot 4 + 8$$
$$= 7 \cdot 4 + 2 \cdot 2$$
$$= 9 \cdot 4$$
Leider verlief die rechnerische Argumentation wieder zu stark getrennt von der Umgestaltung der Zeichnung. Man kann hier zweifach überlegen:
Man geht von der 7er-Treppe aus (7 · 4) und setzt dann von der 8. Stufe die oberen 4 Würfel rechts an, so daß sich an die 7 · 4 noch rechts und links je 1 · 4 anfügen, zusammen also 9 · 4. Oder: Man schneidet den oberen (hier gestrichelten Teil ab und setzt ihn rechts unten an, wodurch eine Vierersäule mehr, also 9 Vierersäulen entstehen.

Bevor in der dritten Stunde zwei Verallgemeinerungen angestrebt werden sollten, wurden jetzt noch einige Übungsaufgaben gerechnet, darunter auch noch einmal die ursprüngliche Gauss-Aufgabe. Interessant war, daß die meisten Kinder bei geradzahlig vielen Summanden auf die ursprüngliche Strategie für ungeradzahlig viele zurückgegriffen und dann die Korrektur anbrachten, also bei der 100er-Treppe so rechneten: 99 · 50 + 100.

Das Beharren auf der zuerst gebildeten Mittelwertstrategie zeigte sich auch bei den Verallgemeinerungsversuchen. Als die Aufgabe $3+4+5+6+7$ anstand, kam als erster Vorschlag, die Treppe zu einer „richtigen" Siebenertreppe auszubauen und hinterher die zugefügten Stufen wieder wegzunehmen, also $7 \cdot 4 - 3$ zu rechnen. Bei 3 Summanden freilich, wie etwa $34+35+36$, wurde von allen (!) Kindern ohne Zögern die Mittelwertstrategie verwandt, also $3 \cdot 35 = 105$ gerechnet, über die vielleicht unabhängig von den Bemühungen um die Gauss-Aufgabe ohnehin latent verfügt wurde.

Interessant war das Verhalten eines Schülers in der 3. Stunde gegenüber der Aufgabe „$16+17+18+19$".

Er schrieb „$= 7 \cdot 10$".

Nach Aufforderung rechnete er vor:

$4 \cdot 10 = 40$,

dann $6+7+8+9 = 30$,

$40+30 = 70 = 7 \cdot 10$.

Ich fragte ihn, was die 7 und die 10 bedeuteten, ob es etwa 7 Stufen mit je 10 Würfeln wären. Er zögerte eine Weile, dann meinte er, als Treppenaufgabe müsse man $3 \cdot 17+19$ rechnen. Er freute sich, daß das auch tatsächlich 70 ergibt. Ursprünglich hatte er die geforderte Umwandlung in eine Mal-Aufgabe nachträglich und völlig formal („blind" im Sinne Wertheimers) vollzogen. Er war nicht imstande, die Umwandlung in $4 \cdot 17 \frac{1}{2}$ zu vollziehen (oder in $4 \cdot 17+2$ oder in $4 \cdot 18 - 2$ o.ä.).

Ein anderer Schüler rechnete bei der Aufgabe „Wieviele Schläge macht die Turmuhr insgesamt von morgens 6 bis 12 Uhr?"

$6+7+8+9+10+11+12 = 9 \cdot 12$

$= 108$

und war regelrecht ärgerlich, daß 108 ein falsches Ergebnis war, wie er durch Addieren herausfand. Er hatte die Mittelwertstrategie als „mittlere Zahl mal höchste Zahl", was ja bisher auch zum Ziele geführt hatte, verstanden (ein schönes Beispiel für den heimlichen Lehrplan). Es mußte wiederum die einebnende Umformung eingehend besprochen werden:

$6+7+8+9+10+11+12$

$= 9+9+9+9+9+9+9$

$= 7 \cdot 9$.

Der weitere Verallgemeinerungsschritt, den Abstand zwischen benachbarten Stufen von 1 auf andere Maße zu verändern, wurde nicht mehr während des Praktikums ausgeführt.

Treppen

Theater Epidauros

Pyramide von Gisa

Aufgaben im Umkreis der Gauss-Aufgabe

1 Wieviele Würfel braucht man für
   diese Würfeltreppen
   a) von 1 bis 11
   b) von 1 bis 19
   c) von 1 bis 31
   d) von 1 bis 12
   e) von 1 bis 20
   f) von 1 bis 40

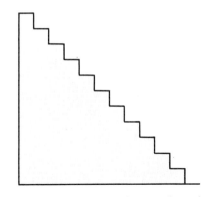

2 Erichs Treppe ist doppelt so hoch wie Dirks Treppe. Brauchte Erich auch doppelt so viele Würfel wie Dirk?
3 Wie groß ist die Summe der ersten
   a) 200
   b) 400
   c) 800
   d) 1000
   Zahlen?
4 Die Treppe im Turm des Kölner Doms hat 502 Stufen. Wieviele Würfel brauchte man, wenn man diese Treppe aus Würfeln aufbauen wollte?
5 Rechne geschickt als Malaufgabe:
   a) 23+24+25
   b) 119+120+121
   c) 169+170+171
   d) 43+44+45+46+47
   e) 70+71+72+73+74
   f) 110+111+112+113+114+115+116+117+118
6 Wie groß ist die Summe von a) drei, b) fünf, c) sieben aufeinanderfolgenden Zahlen?
7 Wie groß ist die Summe von a) zwei, b) vier, c) sechs aufeinanderfolgenden Zahlen?
8 Hier ist der Abstand von Stufe zu Stufe höher als 1, aber man kann auch hier geschickt malnehmen.
   a) 5+10+15
   b) 8+10+12
   c) 17+20+23
   d) 9+13+17+21+25
   e) 20+26+32+38+44

9 Rechne als Treppenaufgabe
   a) 8+10+12+14
   b) 44+50+56+62
   c) 8+11+14+17
   d) 51+56+61+66
10 Addiere die Zahlen der Einmaleinsreihen
   a) 2+4+ ... +20
   b) 3+6+ ... +30
   c) 4+8+ ... +40
   d) 7+14+ ... +70
   e) 8+16+ ... +80
   f) 9+18+ ... +90
11 Addiere alle
   a) durch 4 teilbaren Zahlen von 96 bis 240
   b) durch 7 teilbaren Zahlen von 700 bis 1001
12 Eine Turmuhr schlägt jede volle Stunde, um 1 Uhr 1 Schlag, um 2 Uhr 2 Schläge, ..., um 12 Uhr 12 Schläge.
   Wieviel Schläge macht sie a) von nachts 1 Uhr bis mittags 12 Uhr, b) von morgens 6 Uhr bis mittags 12 Uhr, c) von nachts 1 Uhr bis Mitternacht 24 Uhr?
13 Monika will im Laufe eines Jahres immer mehr sparen, jeden Monat 2 DM mehr als im vorausgegangenen Monat. Im Januar fängt sie mit 5 DM an.
14 Kathrin ist eine Leseratte, sie las jeden Tag 7 Seiten mehr in ihrem neuen, spannenden Buch. Am ersten Tag las sie 10 Seiten, am letzten 52 Seiten.
   Wieviele Tage brauchte sie und wieviele Seiten hat das Buch?
15 Rings um den Tennisplatz sind Plätze für Zuschauer, es sind 5 Sitzreihen treppenförmig übereinander.
   Die unterste Sitzreihe hat 160 Sitzplätze, die anderen haben von Stufe zu Stufe immer 20 Sitzplätze mehr.
16 In einem großen Stadion sind 40 Sitzreihen treppenförmig übereinander. Die unterste besteht aus 500 Sitzplätzen, die anderen haben von Stufe zu Stufe immer 40 Sitzplätze mehr.
17 Eine Dachfläche sieht so (trapezförmig) aus. Sie besteht aus 18 Reihen Dachziegeln. Die unterste Reihe enthält 50 Ziegel, jede weitere Reihe 2 Ziegel weniger als die darunterliegende.

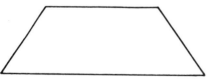

Wieviel Ziegel hat diese Dachfläche?

18 Auf ein dreieckiges Eckgrundstück werden Obstbäume in Reihen gepflanzt. In der ersten Reihe stehen 15 Bäume, in jeder weiteren immer 2 Bäume weniger als in der vorigen. Die letzte „Reihe" besteht nur noch aus einem Baum. Wieviele Bäume stehen insgesamt da?

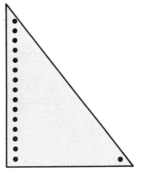

19 Eine kleine Bleikugel wird aus einem Flugzeug abgeworfen. Sie fällt immer schneller, in der 1. Sekunde 5 m, in der 2. Sekunde 15 m, in der 3. Sekunde 25 m, in jeder weiteren Sekunde immer 10 m mehr. a) Wie lang ist der Fallweg nach 9 Sekunden? b) Nach wieviel Sekunden ist die Kugel um 2 km gefallen?

20 Ein Gartenbeet hat diese Form.
   a) Es stehen 160 Rosen darauf, in 5 Reihen. Wieviele Rosen könnten in den Reihen stehen?
   b) Wie könnte man auf das Beet 270 Stiefmütterchen pflanzen, wenn es 9 Reihen geben soll?

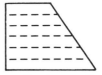

21 Auf einer großen Wiese steht ein Korb. Um ihn herum liegen verstreut 100 Äpfel, der erste ist 1 m, der zweite ist 2 m, ..., der hundertste ist 100 m vom Korb entfernt. Jan sammelt die Äpfel ein, indem er jeden einzeln zum Korb bringt. Er startet beim Korb.
   a) Wie lang ist der gesamte Einsammelweg?
   b) Wie lange dauert die Sammelaktion, wenn Jan durchschnittlich 1m/sec geht?

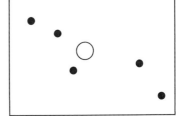

22)a) Wenn du dir als Taschengeld für den 1. Jan. 1 Pf., für den 2. Jan. 2 Pf., ..., für den 31. Dez. desselben Kalenderjahres 365 Pf. wünschtest, wieviel Geld würdest du dann im ganzen Jahr erhalten?
   b) Vergleiche das Taschengeld des Januars mit dem des Dezembers.

5.2. Neunerregel und Abakus — schieben, denken, rechnen

Zum didaktischen Stellenwert der Teilbarkeitsregeln

„Heute ist Donnerstag. Welchen Wochentag haben wir in 200 Tagen?"
In der zugehörigen Rechenaufgabe (ganzzahlig)
$$200 : 7 = x + (y : 7)$$
oder (besser)
$$200 = x \cdot 7 + y$$
ist unser Blick auf den Rest y und nicht auf den Quotienten x gerichtet.

Sachaufgaben wie die obige, in denen der Teilungsrest gefragt ist, kommen in der Schule sehr selten vor, und das spiegelt nur die Tatsache wider, daß in den Lebenssituationen, in denen die Division eine Rolle spielt (gerechtes Verteilen, Aufteilen in gleichstarke Gruppen, Messen, Verpacken usw.) evtl. auftretende Reste in der Regel ohne sachkundlichen Belang sind, eher eine störende Rolle spielen.

Bei den Teilbarkeitsregeln stehen nun aber gerade die *Teilungsreste* im Brennpunkt der Aufmerksamkeit. So lauten die Regeln zur 4 bzw. 9 in der „gröberen" Form:

Eine (natürliche) Zahl ist immer genau dann durch 4 (ohne Rest) teilbar, wenn es die Zahl aus ihren beiden letzten Stellen ist.

Eine Zahl ist immer genau dann durch 9 teilbar, wenn es ihre Quersumme ist.

Und in der „feineren", informativeren Form heißen sie:

Eine Zahl hat immer genau denselben 4er-Rest wie die Zahl aus ihren beiden letzten Stellen.

Eine Zahl hat immer genau denselben 9er-Rest wie ihre Quersumme.

Die „gröbere" Form ist ersichtlich ein Spezialfall der „feineren": „durch 4 (9) teilbar sein" heißt ja nichts anderes als den „4er-Rest (9er-Rest) 0 haben".

Die Behandlung solcher Teilbarkeitsregeln in der Schule kann kaum aus der Anwendungsorientierung, aus dem Sachrechnen heraus, motiviert werden, denn außer Kalenderaufgaben der obigen Art kenne ich keine passenden Fragestellungen.

Der didaktische Wert der Teilbarkeitsregeln ist in der Tradition des Volksschulrechnens daher auch nie im Rahmen des Sachrechnens, sondern (wenn überhaupt) im Rahmen der Fertigkeitsschulung des „formalen" Rechnens gesehen worden. Genauer gesagt: Teilbarkeitsregeln dienten als Hilfswissen für *Rechenproben*. Am bekanntesten und verbreitetsten war (und ist?) die Neunerprobe, bes. für Multiplikationen.

Beispiel: 7314 · 824 = 6026736

Neunerprobe:

Neunerrest von 7314 = 6
Neunerrest von 824 = 5
Produkt dieser Neunerreste = 30
Neunerrest von 30 = 3
Neunerrest von 6026736 = 3

Es sind mithin 4 Neunerreste zu bestimmen, und die beiden letzten müssen übereinstimmen. Allgemein lautet die Neunerprobe für das Multiplizieren: Der Neunerrest des Produkts der Neunerreste der Faktoren ist gleich dem Neunerrest des Produkts.

Dies ist eine präzise aber abschreckende Formulierung. Gefälliger wäre: Das Multiplizieren von Zahlen spiegelt sich vergröbert im Multiplizieren ihrer Neunerreste wider. Aber dann muß klar sein, was „sich spiegeln" heißen soll. (Es läuft auf Homomorphismen hinaus, Winter 1969.)

Adam Riese gab der Neunerprobe eine rein prozedurale Fassung: „Oder nimb die Prob (= Neunerrest, H.W.) von beyden Zahlen / von jeder in sonderheit / multiplicirs mit einander / wirff 9 hinweg als offt du magst / das bleibende behalt für dein Prob / kompt dann von der andern Zahl / die auß dem multipliciren kommen ist / auch so viel / so hastu es recht gemacht" (Risen, S. 13).
Er schlug ein kreuzförmiges Diagramm vor, das er stolz im Wappen führte. Für unser obiges Beispiel sieht es so aus:

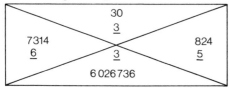

Übrigens gilt die Neunerprobe nur in einer Richtung. In unserem Falle würde z.B. das falsche Ergebnis 6 062 736 durch die Neunerprobe nicht aufgedeckt werden.

Die Frage ist, ob Rechenproben von der Art der Neunerprobe heute als Lernstoff gerechtfertigt werden können. Zwar sollen die Schüler lernen, wie sie ihre Rechnungen kontrollieren können, und es soll ihnen in Fleisch und Blut übergehen, jede Rechnung zuerst noch einmal zu überprüfen, bevor sie aus der Hand gegeben wird.

Das Kontrollieren kann aber geschehen durch: Wiederholen derselben Rechnung, durch eine Gegenrechnung, durch Überschlagen, durch Vergleichen mit bekannten und bestätigten Ergebnissen und durch Nachprüfen auf dem Taschenrechner (was allerdings eine Fremdkontrolle ist). Es erscheint fraglich, ob es sich lohnt, Rechenproben vom Typ der Neunerproben zu entwickeln, denn sie sollen ja erstens verstanden (und nicht wie bei A. Riese als Rezepte nur gehandhabt) werden, und ihr Verständnis ist voraussetzungsvoll. Zweitens sollen sie aber auch flüssig und sicher ausgeübt werden, und das erfordert halt ziemlich großen Übungsaufwand.

Den Wert der Teilbarkeitsregeln sehe ich hauptsächlich in ihrem theoretischen Status:

Teilbarkeitsregeln repräsentieren ein — auch jungen Kindern aller Befähigungsgrade zugängliches — Wissen über (natürliche) Zahlen von hohem Wert, und zwar in materialer und formaler Hinsicht. Einmal werden Einsichten in die Grundrechenarten und das dezimale Stellenwertsystem vertieft und ausdifferenziert und Gesetzmäßigkeiten über Zahlen entwickelt, so daß ein hohes Maß an Vertrautheit mit dem Reich der Zahlen erzielt werden kann. Zum anderen erhalten die Schüler besonders attraktive Möglichkeiten, auf Erkundungsfahrten zu gehen, Beobachtungen anzustellen, Vermutungen zu produzieren und zu erproben, schließlich auch (immanent) Rechenfertigkeiten zu üben.

Teilbarkeitsregeln, Abakus und operatives Prinzip

Die Teilbarkeitsregeln drücken aus, wie man auf rasche Art zu einer großen Zahl eine kleine Zahl findet, die denselben Rest hinterläßt wie die gegebene große Zahl. Eine entscheidende Rolle beim Übergang von der größeren zu einer kleineren Zahl spielt die Darstellung der Zahl im (dezimalen) Stellenwertsystem.

Bei der Verkleinerung der gegebenen Zahl (Dividend) darf deren Rest (bezüglich des gegebenen Divisors) natürlich nicht angetastet werden. Das erreicht man mit Sicherheit dadurch, daß man Vielfache des Divisors abspaltet, subtrahiert, so wie man in einer realen Mandarinen-Abpackungssituation — so lange es geht — volle Beutel mit je der gegebenen Anzahl von Mandarinen weglegt.

In einem Stabdiagramm (eine Verbildlichung von Cuisenaire-Stäben) kann man sehen, wie die Division mit Rest von a durch b als wiederholtes Subtrahieren funktioniert.

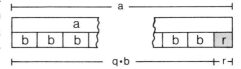

Sogleich ist ersichtlich:
Nicht nur a hinterläßt bei Division durch b den Rest r, sondern auch die Zahlen a−b, a−2b, a−3b, ... und übrigens auch die Zahlen a + b, a + 2b, a + 3b, ... Es gilt auch umgekehrt: Alle Zahlen, die bei Division durch b den Rest r hinterlassen, sind von der Gestalt k · b + r, eine spezielle davon ist a = q · b + r.

Wenn nur (wie es jetzt bei uns der Fall ist) der Rest r interessiert, der bei Division von a durch b entsteht, so ist es u.U. nicht nötig, a durch Abspalten von möglichst vielen b zu verkleinern, also die Division vollständig durchzuführen. Wichtig ist ja nur, daß man einer rasch zu findenden kleineren Zahl „ansieht", welchen Rest r sie hinterläßt. Die kleinere Zahl entsteht aber immer durch Abspalten (Subtrahieren) eines Vielfachen von b von der Zahl a. Die Teilbarkeitsregeln beinhalten nichts anderes als Strategien zum geschickten Abspalten.

Auf eine sehr suggestive Weise lassen sich die Teilbarkeitsregeln mit Hilfe des *Abakus* entwickeln und so der Entdeckung durch (junge) Schüler zugänglich machen. Der Abakus (= Rechenbrett) ist bekanntlich eine Verdinglichung des Stellenwertsystems: Jedem Stellenwert entspricht eine Spalte auf dem Feld, und die Vielfachheit eines Stellenwertes wird durch die Anzahl von Steinchen (calculi) ausgedrückt.

Hier ist die Zahl 410762 dargestellt. Die Anzahl der Steinchen ist natürlich die Quersumme der Zahl, hier 4+1+0+7+6+2 = 20.

M	HT	ZT	T	H	Z	E
•	•		•	••	••	•
•			•	••	•	•
•			•	••	•	
•			•		•	
			•			
			•			
			•			

103

Das Verkleinern von Zahlen auf dem Abakus geschieht natürlich am einfachsten durch *Wegnehmen von Steinchen.* Aber es soll ja nicht irgendein Verkleinern stattfinden, sondern ein resterhaltendes. Was passiert z.B., wenn ich ein Steinchen aus der H-Spalte entferne? Ich subtrahiere dann von der Zahl 100, und das ist ein Vielfaches von 2, 4, 5, 10, 20, 25, 50 und 100 selbst. Das heißt aber gerade: Der 2er-Rest, 4er-Rest, . . ., 50er-Rest und 100er-Rest werden nicht angetastet. Diese spezielle Erfahrung verallgemeinernd, kommt man ziemlich unmittelbar zu den sogenannten Endstellenregeln, etwa zu den 2-Endstellen-Regeln:
Eine Zahl hat denselben 4er-Rest (20er-Rest, 25er-Rest, 50er-Rest, 100er-Rest) wie die Zahl aus ihren beiden letzten Stellen (ZE).
Denn ich kann stets bei der gegebenen Zahl alle Steinchen ab der H-Spalte entfernen, ohne den 4er-Rest anzutasten, der kann also nur in den beiden rechten Spalten liegen.
Die Endstellenregeln sind sehr einfach, die Divisoren 2, 4, 5, 10 passen gut zum Dezimalsystem. Genauer: Ist der Divisor von der Form $2^m \cdot 5^n$, so gibt es dazu eine Endstellenregel, wobei das Maximum von m und n die Anzahl der Stellen angibt.
Das Entfernen eines Steinchens aus irgendeiner Spalte bedeutet bedeutet -1, -10, -100, usw. In jedem Fall wird bei diesen Verkleinerungsaktionen der 9er-Rest (und 3er-Rest und 7er-Rest, . . .) zerstört, d.h. die kleinere Zahl hat einen anderen Neunerrest als die größere, ursprünglich gegebene Zahl. Bei genauerem Hinsehen entdecken wir, daß *immer,* wenn ein Steinchen entfernt wird, die kleinere Zahl einen um 1 kleineren 9er-Rest hat als die verkleinerte. Wird zum Beispiel 1 Steinchen aus der T-Spalte entfernt, so bedeutet das die Subtraktion von $1000 = 999 + 1$, d.h. die gegebene Zahl verliert nicht nur ein Vielfaches von 9 ($999 = 111 \cdot 9$) sondern auch noch *1.*
Das aber können wir doch ausgleichen, indem wir 1 Steinchen in die E-Spalte (z.B.) legen, Natürlich kann es dasselbe Steinchen sein, und die verkettete Doppelhandlung (1 Steinchen weg, 1 Steinchen dazu) läßt sich durch *eine* Verschiebehandlung ersetzen: Das Verschieben von 1 Steinchen aus der T-Spalte in die E-Spalte bedeutet den Übergang zu einer um 999 kleineren Zahl, also zu einer Zahl, die denselben 9er-Rest haben muß wie die ursprüngliche. Beachten wir, daß bei *jedem* Verschieben eines Steinchens nach rechts ein Vielfaches von 9 abgespalten wird, so gelangen wir zur Teilbarkeitsregel der 9 (und 3): Wir schieben alle Steinchen in die E-Spalte, da liegt dann die Quersumme der Ausgangszahl, und diese Quersumme ist durch „Entneunen" aus der Ausgangszahl hervorgegangen. Die Quersumme muß also denselben 9er-Rest (und 3er-Rest) enthalten wie die Zahl selbst.

Gilt es auch zu andern Zahlen (als Divisoren) Teilbarkeitsregeln? Wir versuchen es mit der 11. Als Abakusbild lassen sich die 11er-Rest-erhaltenden Verkleinerungshandlungen so darstellen:

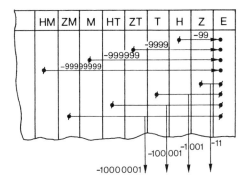

Als Ziffernregel ergibt sich: Jede Zahl hat genau denselben 11er-Rest wie ihre Wechselquersumme (oder Springquersumme). Und die Wechselquersumme erhält man, indem man

$E - Z + H - T + ZT - \quad + \ldots$
$= E + H + ZT + \ldots - (Z + T + HT + \ldots)$

ausrechnet. Um nicht in negative Zahlen zu geraten, kann man 11, 22, ... notfalls hinzufügen.
Beispiele: 4216119,
13516181
Wechselquersummen:
$9 + 1 + 1 + 4 - (1 + 6 + 2) = 6$
$1 + 1 + 1 + 3 + 22 - (8 + 6 + 5 + 1) = 8$
Was der 11 recht ist, ist 7, 13, ... billig. Wir können zu jeder Zahl als Divisor eine Teilbarkeitsregel entwickeln (Winter 1983).

Das Handeln am Abakus in der beschriebenen Art ist ein prägnantes Beispiel für die Fruchtbarkeit des *operativen Prinzips* (Wittmann 1981): Als Elementarhandlungen sind das Zufügen oder Wegnehmen (so vorhanden) von einzelnen Steinchen anzusehen, wobei es sich trivialerweise von selbst versteht, welche Paare von Handlungen invers zueinander sind.
Interessant wird es, wenn man fragt, welche Handlungen oder Handlungsketten resterhaltend gegenüber einen gegebenen Divisor sind. Ein spezielles Ergebnis ist dabei: Alle Verschiebehandlungen erhalten den Neunerrest, und umkehrt gehen zwei Abakuszahlen mit demselben Neunerrest durch Verschieben (und evtl. zusätzlichem Wegnehmen/Zufügen von 9, 18, ... Steinchen) auseinander hervor. Wir könnten auch sagen: Der Neunerrest von Zahlen ist invariant gegenüber Steinchenverschiebung bei ihrer Abakusdarstellung. (Genauso wie wir sagen: Der Flächeninhalt von ebenen Dreiecken ist invariant gegenüber Scherungen dieser Ebene.)

Ein Unterrichtsversuch zur Entdeckung der Neuner-Regel

Im Rahmen des fachdidaktischen Praktikums führten wir im WS 84/85 in der 4. Klasse der Grundschule „Auf der Hörn" in Aachen einen 4stündigen Unterrichtsversuch zur Neuner-Regel durch. Herrn Rektor Anton Genten und seinen äußerst eifrigen (29) Schülerinnen und Schülern sei hier herzlich gedankt. Es unterrichteten Studenten und ich selbst.

Das Thema Neuner-Regel lag außerhalb des laufenden Schulstoffes, die Stunden folgten im Abstand von einer Woche aufeinander.

Unser (ehrgeiziges) Ziel war: Die Schüler sollten die Teilbarkeitsregel zur 9 möglichst selbständig finden und begründen.

Die thematischen Schwerpunkte der 4 Stunden waren:

1. Spielen und Rechnen mit dem Rechenbrett
2. Übung im Dividieren durch 9, der Neunerrest
3. Die Entdeckung der Neuner-Regel: Zahl-Neunerrest-Quersumme
4. Beweisversuch zur Neuner-Regel

Zu Beginn der 1. Stunde zeigte der Lehrer über den Tageslichtprojektor dieses Bild (Stellenwertgerüst auf einer Folie, Steinchen des matema-Registerspiels realiter):

ZM	M	HT	ZT	T	H	Z	E
			•	•		•	•
			•	•			•
			•	•			•
				•			

Das wurde sofort als Denkanstoß aufgenommen. „Das ist 35013".
Der Lehrer schrieb die Zahl auf die Tafel.
Nach Aufforderung („Zeig es uns genau!") artikulierte ein Kind am Tageslichtprojektor: „Das sind 3 Zehntausender, das sind 5 Tausender, . . ."
Parallel dazu ergänzte der Lehrer das Tafelbild
$35013 = 3\ ZH + 5\ T + 0\ H + 1\ Z + 3\ E$
„Wer möchte selbst eine Zahl darstellen?"
Viele Schüler drängten nach vorn. Mehrere Beispiele wurden vorgeführt, es kam kein Übersetzungsfehler zwischen gesprochenem Zahlwort, geschriebenem Zahlwort und Abakusdarstellung vor.
Ein Schüler schlug spontan (!) vor:
„Wir können ja ein Spiel machen. Sie legen Plättchen, und wir schreiben die Zahl auf. Nachher sehen wir, wer alle richtig hat. Aber nehmen Sie große Zahlen."
Der Vorschlag wurde aufgegriffen. Einige Schüler wollten das Tempo forcieren: „Schneller". Thomas protestierte, weil er nicht mitkam. Der Lehrer schlug vor, einen Strich an Stelle der gefragten Zahl zu setzen, wenn es zu schnell ginge. Thomas stürzten die Tränen aus den Augen: „Ich will aber alle Zahlen schreiben." Das Tempo wurde wieder verlangsamt.

Dann erhielten die Schüler Rechenbretter (des matema-Registerspiels) mit Steinchen, je zwei Schüler eine Ausrüstung. Zunächst mußte der (leere) Streifen mit den Stellenwertbezeichnungen ausgefüllt werden, dann sollten die Schüler in Partnerarbeit das obige Übersetzen üben:

Zahldarstellung	Zahlwort, geschrieben
auf dem Rechenbrett	und gesprochen

Das verlief nicht ohne Unruhe und Streitereien, aber es wurde durchgehend erstaunlich ernsthaft und engagiert gearbeitet. 3 der 14 Zweiergruppen nutzten die vielen Stellen des Rechenbrettes und berauschten sich geradezu an Riesenzahlen.

„Sehen Sie, wir haben 999 Millionen . . .“

Nach einigen Minuten wurde diese freie Partnerarbeit — etwas gewaltsam — durch den Lehrer abgebrochen:

„Legt doch einmal Zahlen mit 7 Steinchen“.

Nach einigen Beispielen, die auch am Tageslichtprojektor vorgeführt wurden, spitzte der Lehrer zu:

„Versucht doch einmal, alle Zahlen unter 1000 zu legen, für die man 7 Steinchen braucht. Schreibt sie auf, aber bitte der Reihe nach.“

Fast alle Gruppen fingen bei der kleinstmöglichsten Zahl an und fanden erstaunlich rasch die Folge

7, 16, 25, 34, 43, 52, 61, 70,

aber nur ein Schüler setzte dann richtig mit 106 fort, alle übrigen — verführt vom Mechanismus des einfachen Hinüberschiebens — mit 160.

Die nächste (analoge) Hürde, von 160 auf 205 (und nicht auf 250) schafften schon mehrere Kinder selbständig. Die kritischen Übergänge in der Zahlenfolge wurden in der Klasse besprochen und am Tageslichtprojektor „verhandelt“.

Die Aufgabe, viele Zahlen mit derselben Anzahl Steinchen planmäßig zu finden (bei deren Lösung ja auf produktive Weise das Stellenwertdenken geübt wird), fand bei einigen Schülern ein außerordentliches (und von mir nicht erwartetes) Interesse: Z.B. schrieb die Schülerin Jeanette zu Hause freiwillig alle (462) Zahlen unter 1 Mill. auf, die man mit 6 Steinchen legen kann und übergab mir in der 2. Stunde stolz ihre Liste.

Der Hauptsinn der Aufgabe sollte es sein, eine erfahrungsmäßige Grundlage für den Begriff der Quersumme zu schaffen. Jedoch fiel das Wort „Quersumme“ spontan nicht, obwohl es den Schülern bekannt war (nach Auskunft des Klassenlehrers).

Den Höhepunkt der 1. Stunde, was das Ausmaß der Mitarbeit anging, bildeten Aktivitäten am Rechenbrett, die der Lehrer mit der bewußt vage gefaßten Wendung einleitete:

„Jetzt wollen wir am Brett rechnen. Es heißt ja schließlich auch Rechenbrett." Dabei schob er — es war auf dem Tageslichtprojektor gerade die Zahl 3484 eingestellt — eins der 4 H-Steinchen in die Z-Spalte.

Zunächst schien kein Kind die Situation zu durchschauen. Unter Anleitung des Lehrers wurde festgestellt:

„Wir hatten 3484, jetzt haben wir 3394 . . ."

(nach weiterem Insistieren)

„. . . das sind 90 weniger."

„Aber, wie erklärst du dir das? 1 Steinchen geht von der Hunderterspalte in die Zehnerspalte, und die Zahl wird um 90 kleiner?"

In der Klasse herrschte absolute Stille; angestrengtes Hinschauen und Nachdenken.

Dirks Gesicht leuchtete auf, und er platzte in die Klasse: „Ich hab's. Es *muß* 90 weniger sein. Es wird ja 1 Hunderter weniger und 1 Zehner mehr, das macht zusammen 90 weniger."

Ein offensichtliches Aha-Erlebnis auch bei einigen anderen Kindern war zu spüren, aber keineswegs hatten alle diese Art Brettrechnen verstanden.

Es wurden mit außerordentlich großer Anteilnahme weitere Schieberechnungen durchgeführt und dabei Entdeckungen gemacht. Gabriele: „Wenn man ein Steinchen von den Tausendern weg zu den Einern tut, dann wird es 999 kleiner."

Leider wurde versäumt, das Schieberechnen auch zeichnerisch darzustellen und damit den operativen Charakter zu betonen, etwa so:

M	HT	ZT	T	H	Z	E
				-999		

Jedenfalls argumentierten einige Schüler bis zum Schluß nicht längs der Handlung des Verschiebens, sondern durch den Vergleich zwischen Anfangs- und Endzustand; d.h. sie berechneten den Unterschied der beiden Zahlen im Kopf und schlossen von daher auf die Wirkung des Verschiebens, z.B.: Vorher hatten wir 5284, jetzt haben wir 4384, das sind 900 weniger; durch das Verschieben ist die Zahl 900 kleiner geworden. Das blieb auch noch so, nachdem vom Lehrer deutlich die Doppelnatur des Verschiebens (nämlich zuerst 1 Steinchen wegnehmen, also − 1, − 10, − 100, . . ., dann das Steinchen einer Spalte zufügen, also + 1, + 10, + 100, . . .) verbal herausgestellt worden war.

Leider mußte das Brettrechnen aus Zeitgründen bald abgebrochen werden.

Vor der 2. Stunde waren wir unsicher, wie es weitergehen sollte. Man hätte das Brettrechnen fortsetzen können und — durch geeignete Anstöße — die Schüler herausfinden lassen können, daß bei jedem Verschieben nach rechts die Zahl um ein Vielfaches von 9 kleiner wird. Von dieser Erfahrung aus hätten dann weitere Schritte auf unser Ziel hin erfolgen können.

Wir entschieden uns aber nach längeren Diskussionen schließlich anders, denn es schien uns, daß das Dividieren durch 9 und die Fokussierung des Interesses auf den Neunerrest nicht genügend organisch aus dem bisherigen Hantieren am Rechenbrett hervorgehen würden. So stiegen wir in der 2. Stunde von einer gänzlich anderen Seite aus in die Thematik neu ein.

Zu Beginn der Stunde erzählte der Lehrer — es war einige Tage vor Weihnachten 1984 — den Kindern eine kurze Geschichte.

„In einer Christbaumkugelfabrik hilft ein Junge beim Einpacken der Kugeln. Es sollen immer 9 Kugeln in einen Karton, so."

Der Lehrer enthüllte ein vorbereitetes Tafelbild mit 9 bunten Kugeln (3 rote, 3 blaue, 3 gelbe) in einem Karton.

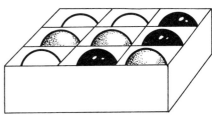

„Schön!" hörte man aus der Klasse. Der Lehrer wollte fortsetzen, aber Jochen warf ein: „Man könnte die 9 Kugeln so anordnen, daß in jeder Reihe und jeder Spalte jede Farbe einmal vorkommt."

Der Lehrer ging darauf ein, bereitete rasch ein 9er-Gitter vor, und 3 Jungen, Jochen (rot), Dirk (blau) und Markus (gelb), realisierten die Behauptung an der Zeichnung:

r	b	g
b	g	r
g	r	b

Es gab Beifall aus der Klasse.

Dann fuhr der Lehrer mit seiner Phantasiegeschichte fort. „Der Junge, der das Einpacken besorgt, verstaut also immer 9 Kugeln von dem großen Haufen in einen Karton, so lange es geht. Wenn am Ende Kugeln übrig bleiben, dann darf er diesen *Rest* (betont) behalten und mit nach Hause nehmen."

Einige spontane Äußerungen der Schüler:

„Wenn er nicht genügend Kartons hat?"

„Wenn auf dem Haufen 90 Kugeln liegen, kriegt er gar nichts."

„Er kann höchstens 8 Kugeln bekommen, wenn er Glück hat."

„Wenn Kartons fehlen, kriegt er mehr."

„Er mag aber vielleicht gar keine Kugeln."

Der Lehrer entzog sich bald allzu realitätsnahen Erörterungen und versuchte, durch den folgenden Tafelanschrieb

Anzahl der Kugeln auf dem Haufen	Anzahl der restlichen Kugeln für den Verpacker

die Schüler in seinen arithmetischen Rahmen zu bringen. Etwas zögerlich nannten die Schüler Beispiele, der Lehrer trug die Zahlenpaare in die Tabelle ein. Da die Schüler sich auf den Zahlenraum bis 100 einschränkten, gab der Lehrer die einengende Bedingung vor: „Die Anzahl der Kugeln auf dem Haufen soll größer als 500 sein."

Dann wurden die Schüler aufgefordert, die Tabelle in ihrem Heft fortzusetzen; zunächst ganz frei, später wurden vom Lehrer (große) Zahlen genannt. Dabei ergab sich die Gelegenheit und Notwendigkeit, das Dividieren durch 9 zu üben. Ein Teil der Kinder ging dabei nach dem gerade gelernten schriftlichen Algorithmus vor, andere verfuhren nach Strategien des Kopfrechnens (günstiges Zerlegen des Dividenden).

Ein neu hinzugekommener ausländischer Schüler schrieb kein einziges eigenes Beispiel auf und löste auch keine der gestellten Aufgaben. Seine Nachbarin Betty meinte verständnisvoll „Der ist im $1 \cdot 1$ noch nicht so weit." und half ihm dann diskret.

Um den Blick stärker auf den Zusammenhang Zahl-Neunerrest der Zahl zu lenken, stellte der Lehrer nunmehr eine Umkehraufgabe, nämlich zum Neunerrest 2 eine Zahl zu finden.

„Wieviele Kugeln könnten es gewesen sein, wenn der Junge 2 als Rest bekommt?"

Zunächst wurden nur 11 und 20 genannt.

„Wer kennt eine ganz große Zahl, die passen würde?"

Zögernd wurden die Zahlen 92, 902, 9002 genannt.

Offenbar überlegten die Kinder dabei: Ein Vielfaches von 9 plus 2 ergibt eine in Frage kommende Zahl. Die „einfachsten" Vielfachen von 9 sind aber 90, 900, 9000 usw.

Es konnte nicht beobachtet werden, daß an dieser Stelle ein Kind spontan eine Brücke zum Begriff Quersumme gespannt hätte. Auch als durch Insistieren des Lehrers eine lange Liste von Zahlen mit dem Neunerrest 2 entwickelt worden war, wurde keine Beobachtung an diesen Zahlen (etwa, daß sie alle die Quersumme 2 oder 11 oder 20 oder . . . haben) ausgesprochen. Allerdings wurden die Schüler auch nicht eigens zu solchen Beobachtungen angeregt.

Zu Beginn der 3. Stunde wurden die Schüler mit einer massiven Vorgabe konfrontiert, nämlich mit diesem Tabellenraster an der Wandtafel.

Zahl	Neunerrest der Zahl	Quersumme der Zahl	Neunerrest der Quersumme

Anhand von Beispielen, der Lehrer schlug Zahlen für die erste Spalte vor, wurde versucht, die Begriffe Neunerrest und Quersumme (prozedural: wie man es ausrechnet) noch einmal zu erhellen. Schon nach den ersten 3 Beispielen sagte der Schüler Lutz: „In der 2. und in der 4. Reihe steht immer dasselbe." Er ging zur Tafel und zeichnete einen Doppelpfeil mit Gleichheitszeichen ein:

```
           =
       ⌒
551    2    11    2
84     3    12    3
28     1    10    1
```

Der Lehrer war überrascht, er hatte sich auf eine längere Beispielsammlung eingestellt.
Es gibt nun wohl nichts Aufdringlicheres als eine identische Wiederholung (die 4. Spalte ist eine Wiederholung der 2.), so daß man sich über die frühe Beobachtung durch den Schüler nicht zu wundern braucht.
Leider wurde nicht das Erstaunliche an der Entdeckung herausgearbeitet, nämlich, daß die Zahlen der 2. und 4. Spalte je auf ganz verschiedene Arten berechnet werden: Um die Zahlen der 2. Spalte zu bekommen, müssen wir die Zahl der 1. Spalte durch 9 dividieren und den Rest feststellen. Aber die Zahlen der 4. Spalte erhalten wir auf völlig andere Art. Wir bilden zuerst die Quersumme, dividieren diese durch 9 und notieren davon den Rest.
Vielleicht hätte sich die Entwicklung dieses Schemas geeignet:
Auf zwei Wegen zur selben Zahl!

Immerhin wurden die Schüler in einen gewissen kognitiven Konflikt gebracht durch den Zweifel des Lehrers: „Ja, bei diesen 3 Zahlen ist es so, aber ob es immer so ist, bei allen Zahlen?"

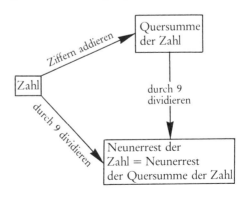

Es wurden weitere Beispiele an der Wandtafel vorgerechnet. Dabei gab es auch Aufgaben, in denen die Quersumme gegeben war, in einem Falle 25 (3. Spalte). Ihr Neunerrest 7 war schnell gefunden (4. Spalte). Ein Schüler übertrug die 7 wortlos gleich auch in die 2. Spalte. Nun mußte noch eine Zahl gefunden werden mit der Quersumme 25 und dem Neunerrest 7. Nach einer Serie von falschen Versuchen (7, 70, . . .) rief Steffi in die Klasse: „Jetzt weiß ich's, eine Zahl mit 25 Einsen." und Lutz fügte sofort hinzu: „Und dazwischen kann man noch 25 Nullen setzen."

Der Lehrer griff diese großartige Idee nicht auf, es wäre ein Erlebnis gewesen, diese Riesenzahlen aufzuschreiben und es wäre auch zukunftsweisend gewesen, er engte vielmehr ein: „Sucht die kleinste passende Zahl!"

Nach mehreren weiteren vergeblichen Versuchen und stärkeren Hilfen durch den Lehrer („Möglichst wenige Stellen!") wurde 997 gefunden und dieser Vorschlag schließlich zu 799 verbessert.

Die Schüler erhielten dann ein Aufgabenblatt mit einer Liste gegebener Zahlen (1. Spalte) zur Vervollständigung in Stillarbeit. Dabei beobachteten wir, daß ein kleinerer Teil der Klasse die Neunerregel bereits anwandte: Die betreffenden Kinder bestimmten zuerst die Quersumme, dann deren Neunerrest und übertrugen diesen in die 2. Spalte. Das geschah in einigen Fällen offensichtlich rein schematisch, denn einige befragte Kinder konnten nicht sagen, wie sie den so ermittelten Neunerrest der Zahl kontrollieren könnten.

Die 4. Stunde wurde mit der auf der Wandtafel stehenden Frage „Welchen Neunerrest hat die Zahl 34281" eröffnet. Mit Hilfe des Lehrers entstand dieser Tafeltext:

1. Weg: die Zahl teilen

$$34281 : 9 = 3809$$

Der Neunerrest ist 0, die Zahl ist durch 9 teilbar.

2. Weg: zuerst die Quersumme ausrechnen, dann die Quersumme teilen

$$3 + 4 + 2 + 8 + 1 = 18, \, 18 : 9 = 2$$

Neunerrest der Quersumme ist auch 0.

Ein wenig enttäuscht waren wir, daß keineswegs alle Kinder den 2. Weg so viel besser fanden. Möglicherweise wäre es richtig gewesen, einen Wettstreit mit großen Zahlen auszutragen, um evtl. das „besser" durch „schneller" präzisieren zu können.

Die beiden Wege wurden aber nicht weiter im Hinblick auf ihre Kürze bewertet, vielmehr benannte jetzt der Lehrer das Ziel der folgenden Bemühungen: „Wir wollen heute überlegen, *warum* der zweite Weg zum richtigen Ergebnis, zum Neunerrest, führen *muß*."

Je zwei Schüler erhielten wieder einen Abakus, und die Schüler wurden aufgefordert, die Zahl 34 281 mit Steinchen darzustellen. „Wir wollen nun das Ausrechnen der Quersumme ganz genau und Stück für Stück am Rechenbrett beobachten.
Seht Ihr schon die Quersumme von 34 281?"
Es war durchaus eine sichtlich aufregende Entdeckung, die Quersumme als Anzahl der Steinchen anzusehen. „So viele Steinchen, so groß ist die Quersumme," meinte ein Schüler. „Aber", und das war der neue Anstoß seitens des Lehrers, „wenn wir die Quersumme ausrechnen, zählen alle Steinchen nur als Einer, z.B. werden die 3 Zehntausender und auch die 8 Zehner nur je als 3 Einer und 8 Einer gezählt."

Der Übergang von der Zahl 34 281 zu ihrer Quersumme wurde nun Stück für Stück nicht nur am Abakus ausgeführt, sondern auch zeichnerisch an der Wandtafel durch Schüler, allerdings immer wieder angestoßen durch den Lehrer.

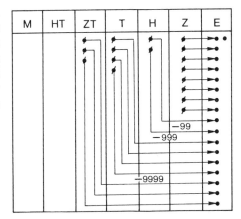

Schließlich hatten wir aus der großen Zahl 34 281 die kleine Zahl 18 hergestellt, ihre Quersumme. „Aber wie?"
Steffi, und das war einer der Höhepunkte der Stunde, konnte das begrifflich zusammenfassen:
„Wir haben nur Vielfache von 9 weggenommen, 8 mal 9,
2 mal 99, und das ist 2 mal 11 · 9,
4 · 999, das ist viermal 111 · 9,
und 3 mal 9999,
das ist 3 mal 1111 · 9."

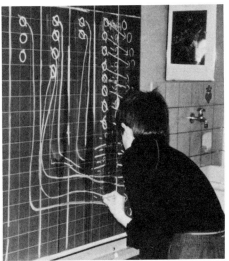

Um die Schüler zu veranlassen, sich mit dieser Prozedur des „Entneunens" erneut zu befassen, stellte der Lehrer Kontrollfragen: „Was muß herauskommen, wenn wir alle diese 17 Zahlen -9, -9, -9, . . ., -9999 usw. zusammenzählen?"

Die Rechnung wurde schriftlich durchgeführt, und die Voraussage einiger Schüler, es müsse $34281 - 18 = 34263$ herauskommen, konnte zur großen freudigen Erregung bestätigt werden.

72	$(= 8 \cdot 9)$
99	$(= 11 \cdot 9)$
99	$(= 11 \cdot 9)$
999	$(= 111 \cdot 9)$
999	$(= 111 \cdot 9)$
999	$(= 111 \cdot 9)$
999	$(= 111 \cdot 9)$
9999	$(= 1111 \cdot 9)$
9999	$(= 1111 \cdot 9)$
9999	$(= 1111 \cdot 9)$
34263	$(= 3807 \cdot 9)$

„Können wir etwas über 34263 sagen?"
Die Schüler fanden heraus: Um so viel ist die Quersumme kleiner als die Zahl. 34263 ist auf jeden Fall durch 9 teilbar, es ist aus lauter Neunen zusammengesetzt.
„Können wir an unserem Tafelbild auch sehen, wieviel mal die 9 in 34281 enthalten ist?" Mit einiger Hilfe seitens des Lehrers wurde ermittelt, daß in 34263 die 9
$(8 + 22 + 444 + 3333)$-mal $= 3807$-mal
enthalten ist und in der Quersumme 18 noch 2-mal, daß also in 34281 die 9 genau 3809-mal enthalten ist, und das hatten wir ja auch schon vorher ausgerechnet.
Es blieb nicht die Zeit, ein weiteres Beispiel so ausführlich zu analysieren.
Der Lehrer faßte zusammen:
„Wir haben gesehen: Wenn wir von der großen Zahl zur kleinen Quersumme übergehen, werden nur Vielfache von 9 weggenommen. Der Neunerrest der Zahl muß deshalb in ihrer Quersumme stecken."
Es war — trotz äußerlich vorherrschenden Frontalunterrichts — eine Stunde mit ganz ungewöhnlichem Engagement der meisten Schüler. Am stärksten hat mich beeindruckt, wie viele Schüler die langen Phasen analytischer Denk- und Gesprächsarbeit durchgehalten haben.
Andererseits gebe ich mich nicht der Illusion hin, alle oder auch nur die meisten Kinder hätten schon jetzt nach 4 Stunden die doch recht anspruchsvollen Wege des Denkens wirklich vollzogen. Ein solcher Beweisversuch liegt wahrscheinlich in der Grenzzone dessen, was in der Grundschule erreichbar ist.

Literaturhinweise

ATM: Modelle für den Mathematikunterricht in der Grundschule, Klett, Stuttgart 1970

Bauersfeld, H.: Subjektive Erfahrungsbereiche als Grundlage einer Interaktionstheorie des Mathematiklernens und -lehrens, in: Bauersfeld (u.a.): Lernen und Lehren von Mathematik, Aulis, Köln 1983 (IDM Bd. 6)

Bell, E.T.: Die großen Mathematiker, Econ. 1967

Engel/Varga/Walser: Zufall und Strategie, Klett, Stuttgart 1974

Flavell, J.H.: Kognitive Entwicklung, Klett-Cotta 1979

Floer/Haarmann (Hrsg.): Mathematik für Kinder, Arbeitskreis Grundschule 1982

Freudenthal, H.: Mathematik als pädagogische Aufgabe, 2 Bd., Klett, Stuttgart 73

Karaschewski, H: Wesen und Weg des ganzheitlichen Rechenunterrichts, 2 Bd., Klett, Stuttgart 1966

Keitel, Chr.: Die amerikanische Bildungsreform, eine vertane Chance? Diss. Uni Bielefeld 1982, Ms. TU Berlin

Kühnel, J.: Neubau des Rechenunterrichts, Klinkhardt, Bad Heilbrunn 1922[4]

Müller/Wittmann: Der Mathematikunterricht in der Primarstufe, Vieweg 1984[3]

Neber, H. (Hrsg.): Entdeckendes Lernen, Beltz, Weinheim 1981[3]

Papert, S.: Kinder, Computer und neues Lernen, Birkhäuser, Stuttgart 1982

Radatz/Schipper: Handbuch für den Mathematikunterricht an Grundschulen, Schroedel, Hannover 1983

Risen, A.: Rechenbuch auf Linien und Ziphren, 1574, Nachdruck durch Wiss. Buchges. o.J.

Wagenschein, M.: Verstehen lehren, Beltz, Weinheim 1977[7]

Wertheimer, M.: Produktives Denken, Kramer 1964

Winter, H. (1969): Rund um die Neunerprobe, in: Neue Wege, H. 2-5, S. 82-90, 119-128, 171-178, 217-235

Winter, H.: Kreatives Denken im Sachrechnen, in: Grundschule 9 (1977), H. 3, S. 106-110

Winter, H.: Zur Division mit Rest, in: Der Mathematikunterricht 24 (1978), S. 38-65

Winter, H.: Mathematik, in: Bartnitzky/Christiani (Hrsg.): Handbuch der Grundschulpraxis und Grundschuldidaktik, Kohlhammer, Stuttgart 1981

Winter, H. (1983): Prämathematische Beweise der Teilbarkeitsregeln, in: mathematica didactia 6, S. 177-187

Winter, H.: Begriff und Bedeutung des Übens im Mathematikunterricht, in: Mathematik lehren 2 (1984a), Febr., S. 4-16

Winter, H.: Entdeckendes Lernen im Mathematikunterricht, in: Grundschule 16 (1984b), H. 4, S. 24-29

Winter, H.: Sachrechnen in der Grundschule, CVK, Bielefeld 1985

Wittmann, E.: Beziehungen zwischen operativen Programmen in Mathematik, Psychologie und Mathematikdidaktik, in: Journal für Mathematikdidaktik 2 (1981), S. 83-95

Cornelsen

Neue Ideen für Ihren Unterricht

Lehrer-Bücherei: Grundschule

Die Reihe bietet Anregungen und Praxishilfen, die sich bereits bewährt haben. Alle Bände behandeln Alltagsprobleme der Grundschule. Hier eine Auswahl - über unser komplettes Programm informieren wir Sie auf Wunsch gern.

Die Herausgeber: Horst Bartnitzky und Reinhold Christiani

Hans Bebermeier
Begegnung mit Englisch
Beispiele für die Klassen 1 bis 4
Gründe - Ziele - Wege;
Materialien - Medien - Literatur
1992. 128 Seiten mit Abbildungen
Bestell.-Nr. 50284

Bernhard Thurn
Mit Kindern szenisch spielen
Entwicklung von Spielfähigkeiten;
Pantomimen, Stehgreif- und Textspiele; Von der Idee zur Aufführung
1992. 136 Seiten mit Abbildungen
Bestell.-Nr. 50250

Erika Altenburg
Wege zum selbständigen Lesen
Zehn Methoden
der Texterschließung
1991. 80 Seiten
Bestell.-Nr. 50225

Norbert Sommer-Stumpenhorst
**Lese- und Rechtschreibschwierigkeiten:
vorbeugen und überwinden**
Von der Legasthenie zur LRS;

LRS-Diagnose; Förderkonzepte und Übungsmaterialien.
3. Aufl. 1993. 144 Seiten
Bestell.-Nr. 50209

Horst Bartnitzky (Hrsg.)
Umgang mit Zensuren in allen Fächern
3. Aufl. 1992. 152 Seiten mit Abbildungen
Bestell.-Nr. 50179

Hans-Dieter Bunk
Zehn Projekte zum Sachunterricht
Projektbegriff; Fallbeispiele; Ideen und Anregungen
3. Aufl. 1992. 128 Seiten mit Abbildungen
Bestell.-Nr. 50136

Gudrun Spitta
**Kinder schreiben eigene Texte:
Klasse 1 und 2**
Lesen und Schreiben im Zusammenhang; Spontanes Schreiben; Schreibprojekte
5. Auflage 1992. 80 Seiten mit Abbildungen
Bestell.-Nr. 50098

Gudrun Spitta
Schreibkonferenzen in Klasse 3 und 4
Ein Weg vom spontanen Schreiben zum bewußten Verfassen von Texten
1992. 96 Seiten
Bestell.-Nr. 50268

**Cornelsen Verlag
Scriptor**

Vertrieb: Cornelsen Verlag,
Postfach 330 109, 14171 Berlin